圣严法师 著

圣严法师教禅坐

华东师范大学出版社

图书在版编目（CIP）数据

圣严法师教禅坐 / 圣严法师著．—上海：华东师范大学出版社，2012.4

ISBN 978-7-5617-9457-9

Ⅰ.①圣…　Ⅱ.①圣…　Ⅲ.①禅宗—通俗读物
Ⅳ.①B946.5

中国版本图书馆 CIP 数据核字(2012)第 063707 号

圣严法师教禅坐

著　　者　圣严法师
责任编辑　储德天
特约编辑　邱承辉
封面设计　吕彦秋

出版发行　华东师范大学出版社
社　　址　上海市中山北路 3663 号，邮编 200062
网　　址　www.ecnupress.com.cn
电　　话　021-60821666　行政传真　021-62572105
客服电话　021-62865537(兼传真)　门市电话　021-62869887(邮购)
地　　址　上海市中山北路 3663 号华东师范大学校内先锋路口
网　　店　http://hdsdcbs.tmall.com

印 刷 者　北京京都六环印刷厂
开　　本　880×1230　32 开
印　　张　6.5
字　　数　150 千字
版　　次　2014 年 1 月第 2 版
印　　次　2018 年 6 月第 4 次印刷
书　　号　ISBN 978-7-5617-9457-9/B.703
定　　价　20.00 元

出 版 人　王　焰

圣严法师教禅坐

目 录
Contents

6 法鼓立姿八式动禅

7 禅与悟

附录 参禅法要

序 一

回忆我从1976年起，于美国东部地区教授禅的修行观念及其方法以来，在东西方几乎遍及各大洲，直接或间接以此与人结缘，层面日益深广。过程中所作讲录，被整理而集印成中、英等各种文字出版者，迄今以达三十多种。《圣严法师教禅坐》这册小书，能在大陆出版，乂是一项荣幸！

禅，可以分做禅定学及禅学的两门学问来看。在印度佛教经论中所介绍的禅那，乃属于禅定学，称为禅观、禅数，是以修习禅定为目的，必须是长年累月，退隐山林，修呼吸法、住心，以九次第定为阶梯，以四声闻果为目标。乃是解脱道的修行途径。

另一种则是盛行在中国中唐以来的禅宗，虽是根源于梁武帝时代来华的菩提达摩，却成熟于第六祖慧能，立基于百丈怀海建立了从林式的农禅制度，将禅法的修行，转成为生活化、人间化、普及化的形态，禅修者不必离群独居，不必逃避世间，甚至不一定要终身出家。只要随时随地承担一切也不放下一切，活生生地过生活，踏踏实实地生活在当下现在的一念、一物、一事、一境之中，而不以主观的自我及客观的他者，来规范判断其善恶好坏，你便是一个从烦恼获得解脱的自由人，此乃属于大乘菩萨道的修行法门。

如果要修行禅定学，不论依据大乘或小乘经论的步骤，都很繁琐，要获得禅定的身心利益，必得花上长时间的功力。至于中国的禅法，只要掌握到《六祖坛经》所说："不思善不思恶"而练习体验"无相"、"无念"、"无住"的原则，你即可立时顿悟。

如果开始时无法立即承担一切放下一切，不妨首先从体验自己的身心状况（例如呼吸）和观察自己的身心反应，来了解自己的存在，只不过是一连串的生理现象及心理行为。如此则你会肯定你的存在是事实，却不会执著你的存在是永恒不变。在肯定自我的同时，也在成长自我及消融自我。

所以本书中介绍的课程，虽只有三天及一天，假如用之顺利，可在你的日常生活中，每天早晚练习，随时随地可用。本书是1993年及1994年我在台北及纽约两地，对社会精英禅修营学员作的讲录。时隔10多年，本书也给无法参加我亲自指导禅修的朋友们，透露了一点讯息，但愿更多对此有兴趣的读者们，不吝指教。

法鼓山创办人　　圣严

2006年8月8日

圣严法师教禅坐

序 二

从1992年2月10日至12日之间，我在法鼓山举办第一届社会精英禅修营以来，到1995年10月10日结束第九届每次三整天的禅修活动为止，已历三个半年头。参与的人数，从第一届仅40位社会各界的名流，到第九届的成员105人，总数已有476位，都是来自政经、工商、学术、文教、传播、演艺等各界的社会杰出人士。

每届结束之时，都有人建议，不要使用“社会精英”来称呼他们，我到现在还不知道该用什么更适当的名称来标示他们，他们若不是各界管理层次的领袖人物，便是对于当今社会深具影响力的优秀人才。

每届结束时，大家都会提出同样的希望，盼能将我在禅修营中的开示，印刷成书，好让他们参考使用。这样的禅修课程，我和我的出家弟子们提供的是：尽心尽力的服务精神、正知正见的佛法观念、安全实用的禅修方法。在短短的三天之中，除了每日的作息时间表之外，仅有课目的五个主题：

一、实用的禅修方法，

二、健康的禅修观念，

三、因人而异的禅修层次，

四、洒脱自在而又精进不懈的禅修精神，

五、以禅者的修养活用于自我的调适及环境的因应。

我虽全程担任指导禅修的角色，却未备任何书面的讲义。因为课程的功能虽相同，每届禅众的背景根器则互异，我的授课内容也不能没有差别，所以无法编定刻板式的教材课本，故也未将每届的授课录音带整理成文。到了第四届圆满后，有一位苏丽美居士，发心将 1993 年 9 月 1 日至 4 日间的录音带，全部抄录编辑，用电脑打字成了文章，送我过目，有感于她的热心，经我删修润饰之后，便是本书第一至第四部分内容。

1994 年春，我从台北回到纽约，也在东初禅寺举办了第一届华人社会的精英禅修营，由于场地及时间的因素，只能将我在台湾三天的课程，浓缩在一天之内授毕，效果也还不错。故由戴玉冰居士，录音整理成稿。那便是本书的第五部分“禅修的功能”了。

本书即行面世，略述因缘，聊以为序。

1995 年 10 月 20 日晨圣严序于台北市北投农禅寺

Chapter 1

禅修方法指导

禅是什么？从字面的意义看，禅是一种“冥想”，并用冥想的方法达到入定的境界。禅的内容，则是很难用言语文字表达的，必须亲身去体证。

一、禅修重在体验

诸位菩萨来法鼓山参加禅修营，除了听闻佛法之外，就是要学习禅修的方法，用来达成发现自我的目的。

禅是什么？从字面的意义看，禅是一种“冥想”，并用冥想的方法达到入定的境界。禅的内容，则是很难用言语文字表达的，必须亲身去体证。

就像一个从未看过、吃过芒果的人，无论你如何形容芒果的颜色、形状、味道，他都无法领会，除非他亲自去品尝。又如盲人问色，一个双目从小就失明的人，想知道白色是什么样子？就有人告诉他像白布、白纸一样的白，有人告诉他像白鹅、白鸽一样的白，也有人告诉他像白雪、白粉一样的白。结果这个盲人糊涂了，他原以为白色的沽白应该是很单纯的，怎么大家把它说得那么复杂呢？原因是从未见过白色，所以任人怎么说，他还是无法想像。

对于尚未进入禅门的人，禅是不能用语言文字来说明的东西，也无法依靠语言文字的说明来了解它。但语言文字却能引导或指示初学者如何去亲自体验它。因为禅的经验就是“如人饮水，冷暖自知”，要靠自己品尝。

二、禅修入门方法

禅的修行方法，原则上不出乎调饮食、调睡眠、调身、调息和调心等五要素，而以后三者更重要，目的是为调理身心，关键则在不能离开气息而谈身心的健康和统一。

（一）暖身运动

一般所讲调身的主要方法，指的是打坐的坐姿，除了坐姿之外，还有行走、站立和躺卧等方法，就是所谓的坐禅、行禅、立禅、卧禅。

在坐前和坐后也需要有运动及按摩做辅助。我们的身心若要健康，必须动与静并重兼顾。运动及按摩是为使血液循环通畅、气脉运行活泼、肌肉和神经松弛，才能使身体舒适，即所谓气和而后心平。

若身体缺少运动，生理机能便易于老化和感染病痛，运动使生理机能由紧张而松弛，能够得到更多的营养补给及休息的机会。禅者的运动，讲求心念集中，气息和顺。禅者的运动本身，就是修行禅定的方法之一。所以我们对调身的方法，是要运动与打坐并重的。

扭身甩手

腰部运动

我们所教的运动，只需两公尺见方或一个人身的长度，乃至仅容身体坐下及站立的一小块空间，也就够了；且不论男女老少，健壮衰弱，都可以安全地练习。

早上起床后，未活动前勿打坐，应先做一套简易的暖身运动，让筋骨松软后再打坐。

1. 扭身甩手：两脚站开与肩同宽，转腰甩手，脚不动，身体尽量向右后转，左手掌顺手打到右肩上；再向左后转，做同样动作，左右分别甩打十次。

2. 腰部运动：双手叉腰，眼睛睁开，先以顺时针方向转动上半身与腰部，再逆时针转动，分别各转十次。

3. 扭腰画圈：双手伸直高举，身体做三百六十度旋转，顺、逆时针分别各十次。

扭腰画圈

甩手屈膝

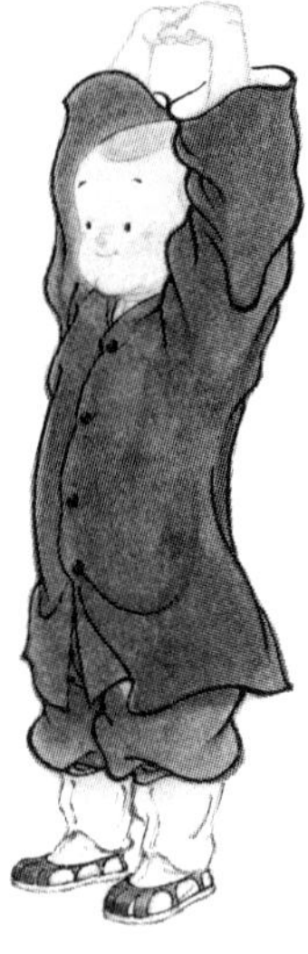

擎天触地

膝部运动

4. 甩手屈膝：一边双手前后摆动，手臂尽量提到与肩平，同时双脚随着手的摆动原地踮脚顿脚，做一百次。

5. 擎天触地：双手交叉，手心向外翻掌，掌心朝上，手往上抬，脚跟同时提起，愈高愈好。再向下弯使手掌触地。

6. 膝部运动：双脚并拢半蹲，双手扶在双膝上先顺时针转十圈，再逆时针转十圈；最后站立转动右脚踝及左脚踝各十次。次数多寡可自行斟酌增减。

（二）头部运动

每次坐禅之前，不论有否做上述之暖身运动，均须做下述的头部运动。

头部运动

深呼吸

坐下蒲团后，先将两手平置于左右两膝，勿用力，身体坐正，再做头部运动的四个步骤：

1. 头向下低，再往后仰；2. 头向右倾，再往左倾；3. 头向右后转，再向左后转；4. 头以顺时针方向，向前、向右、上仰、左转，再逆时针方向，向前、向左、上仰、右转。

每个步骤身体不动，肌肉和神经放松，各做三次。动作缓慢柔软，眼睛睁开，呼吸自然。头部运动的目的，在使头部血液减少，降低思潮起伏的动力；使头脑清新，渐渐宁静。

做完头部运动，把左右手掌放在丹田（脐下约三指）处，双手两拇指相触，成一倒三角形，深吸一口气，接着慢慢吐气并向下弯腰，双掌压小腹帮助把气吐出，直至气完全吐完，连续做三次深呼吸。做深呼吸的目的在使体内的浊气排出，换取新鲜带氧的空气，使血液循环顺畅。

（三）七支坐法

做好预备动作，便可开始坐禅了。正统的禅坐方法，是七支坐法。所谓七支坐法是：

如意吉祥坐

不动金刚坐

1．双足跏坐：此有二式：

（1）如意吉祥坐：通常是以左脚在下，右脚置于左大腿上，再将左脚置右大腿上，称为如意吉祥坐。

（2）不动金刚坐：将右脚在下，左脚置于右大腿上，再将右脚置于左大腿上，称为不动金刚坐。这两种坐法，对于年长及初学的人，很难做到。

初学的人如无法双盘，可改为单盘的半跏坐，只要将一只脚置于另一边的大腿上即可。左脚在右小腿下或右脚在左小腿之下均可。

对于无法双盘及单盘的人，开始时还可以采用更简易的坐法。如：

单盘的半跏坐

交脚坐

（1）交脚坐：两脚均置于地，向内向后收，两脚掌向上，置于两小腿乃至两大腿之下。

（2）跨鹤坐：即双膝跪下，将软垫置于胯下，如骑在鹤背上，两脚的大拇指上下交叠，将臀部坐落在胯下的垫子上。

（3）天神坐：左脚坐如半跏式，曲向内，置于身前；另一脚曲向外，置于身后侧。南传上座部佛教徒，席地闻法时多用此式，乃至坐禅时的初步坐法也用此式。

跨鹤坐

天神坐

（4）如意自在坐：此式系模仿菩萨八相成道，自兜率天下降人间之前的坐姿，左脚坐如半跏式，曲向内，脚跟置于会阴前，右脚垂立、曲膝置于右胸前，左右两手平覆分置于左右两膝，或合抱于垂立的膝盖。

（5）正襟危坐：以上各种坐法，均系席地而坐，此式则坐于与膝同高的椅子上或板凳上，两脚平放于地，两小腿垂直，两膝间容一拳的距离，背不可倚靠任何东西，仅臀部坐实，大腿宜悬空，与小腿成一直角。

如意自在坐

正襟危坐

以上各种坐法，仅坐姿及手姿略有不同之外，其他仍采用七支坐法规定的标准。功效最大最快且能经久稳固的坐姿，仍系最难的双足跏坐。因此，初学的人即使无法双盘，至少要多练习习惯于单盘。

2. 背脊竖直：腿盘好之后，挺起腰杆，勿挺胸部，头顶天垂直，下颚内收，颔压喉结。

3. 手结法界定印：两手圈结，右手在下，左手在上，两拇指轻轻相接结成圆圈形，轻轻平置于丹田下的胯部腿上。

4. 放松两肩：将两肩肌肉放松，自觉如无肩无臂无手的状态。

5. 舌尖微舐上颚：舌尖舐在门牙上龈的唾腺处，不可用力，若有口水则缓缓咽下肚去。

6. 闭口：无论何时，只用鼻息，不可张口呼吸，除非有鼻病。

7. 眼微张：闭八分开二分，视线投置于身前二三尺处的地上的一点，不是要看什么，只因睁大了眼睛，心易散乱；闭起了眼睛，则易昏沉。如果睁眼过久觉得疲劳，不妨闭上一会儿。

打坐的目的，是求心境平稳，而心情与呼吸有着极为密切的关系。也就是说要想调心，必先从调息入手。不论中国的道家、印度的瑜伽、西藏的密宗或中国的天台宗等，谈及修行禅定的次第，必定重视呼吸与气的调适问题。

人体的生理及心理的动静，与呼吸的气和息有着依存的关系。呼吸是指普通人每分钟十六次的出入息。禅修者的呼吸在渐渐的缓慢深长微细之时，称为“息”。由息的力量，推动血液制造能源，由能源产生苏活生理机能的作用，称为“气”。当禅修者感受到由气所产生的作用时，称为“觉受”，有觉受经验的人，便会觉得坐禅确是人生的一大幸福和恩惠了。

现在请大家起立一起练习打坐前的运动。做好运动之后，坐下来做头部运动和深呼吸。

（四）放松身心

一般的圆蒲团，不宜整个坐满，看个人情况可坐二分之一或三分之一，以利于腰杆之挺直；腿下可置硬软适中的方垫。打坐时身心要完全放松，所以身上尽量不要戴项链、手表或眼镜等物品，最好穿宽松之衣裤，腰带放松，让身体完全无压力负担。

大家坐好之后，开始把身体放松，在心里依序告诉自己头部、眼球、脸部肌肉、颈部、肩部、双臂、背腰、小腹、腿部一一放松，把重心放在臀部，把气沉到丹田。任何部位甚至皮肤都要完全放松，只要有压力就会紧张，紧张便会影响神经系统，乃至于消化及分泌系统。

身体完全放松之后，眼睛微张约二三分眼，眼球不要用力，头脑不想任何事，脸部肌肉放松略带微笑，心里要有喜悦感，舌舐上颚，下巴内收，腰椎挺直，两个手在脐下结法界定印，左手掌上，右手掌下，双手两个大拇指相接。之后便不再注意身体，将重心放在臀部和坐垫之间，开始注意自己的呼吸。此时把身体交给蒲团，把心交给方法。

如果有瞌睡或昏沉的现象，把眼睛睁开睁大，等精神好了再微闭。注意呼吸是非常无聊的事，容易昏沉或胡思乱想，脑中妄想纷飞。我们应该上课的时候专心上课，吃饭的时候专心吃饭，睡觉的时候专心睡觉，做任何事都要把心专注其上。

（五）数呼吸

注意呼吸时间久了，可能觉得很无趣，现在教给各位另外的方法：1. 数呼吸（数息法），2. 念佛号。这些方法同样是要达到心无二用，令心念专注之目的。

先练习数呼吸，注意呼吸之出入。一般人呼吸，出息时间较长，入息时间较短，所以我们数呼吸时，只数出息，不管入息，每一次呼出的时候数一个数目，到了吸入的时候，仍停留在该数字上，到下一口气呼出的时候，才换下一个数目。

平常人每分钟呼吸大约十四至十六次。不能故意控制呼吸，否则胸部会不舒服。

当打坐经验相当丰富之后，呼吸自然会逐渐慢下来，到每分钟四至五次，那已经是要入定的程度了。一般呼吸到了每分钟十次，心已经相当安定、平稳。

如果呼吸急促必然是非常烦闷、恐惧、急躁、兴奋。呼吸和脉搏是息息相关的，呼吸有问题，脉搏必然也会有问题；脉搏快，呼吸也一定有问题，所以要用平常的呼吸方式呼吸。

数息法是在每一个出息时数一个数字，从一数到十；然后重回到一，再数到十；周而复始，反复地数。数息的时候，一旦起了妄念或杂念，无论中途数到多少，都得重回到一数起，因此往往无法顺利从一数到十，不是数不到十，就是数过了头而不自觉。开始数息可能觉得新鲜，等数了一段时间后也会觉得无聊，所以要练习着对于每一口气的每一个数目，经常保持新鲜感。

（六）数佛号

有些人不数息，呼吸很正常，一旦数息，呼吸便急促不自然。如果这样，可试试念佛的方法，就是念阿弥陀佛或观世音菩萨圣号。

念佛之法，除了单纯地念佛号之外，也可念佛数数，即念一句阿弥陀佛或观世音菩萨圣号，数一个数目，如阿弥陀佛一、阿弥陀佛二……也是从一数到十，周而复始。其目的在让自己的心念能集中专注。

念佛数数法与呼吸无关，不需配合呼吸，不要太快也不要太慢，不疾不徐，念一句佛号数一个数目，清清楚楚地知道这个数目的存在，再继续往下念第二句佛号第二个数目，很清楚地把注意力集中在所数的数目上，与数息法在每一个出息上数数的意义是相同的。

各位可选择适合自己的方法来做工夫，随息法、数息法、念佛法、念佛数数法均可，但最好只选一样，不要一下用此法，一下用彼法，要专心一意在同一个方法上调心。

（七）调心方法

调身、调息、调心的调，就是调整的意思。打坐时候的动作、姿势与调身有关，调息则与呼吸的出入有关。注意呼吸的出入，心自然而然会平静下来。心息相通，心能平静，各种胡思乱想，种种心理活动及冲动，自然也会稳定下来，是为调息、调心。

念佛与呼吸无关，与调心有关。心绪非常昏乱，念佛可以念得急促；心绪相当平静，念佛就当缓慢。念佛数数也是从一数到十，再回头重复，是为防止变成机械式的数数，即口在数数，而脑在胡思乱想，数目却仍数得很好。我们从小就已会数数，这就是为什么有人数息时一不小心，一数就数到一百、二百，并认为数到二百比数到十还容易。

每十个数字要回头一次很麻烦，但我们的目的不在数数，是要使我们的心随时随地专注在一点上，不离开这个范围。亦即心不离开我们用功的方法。数息不离呼吸出入的感觉，念佛不离佛号，也就是把心收回来摄在一点上。其目的是希望达到自我了解、自我认识、自我肯定的功能。

若对自己的心念活动不清楚，即表示对自己是不够了解的；若对自己的了解愈深刻，则对自己的信心便愈坚固，能发挥的能力也愈强大。对自己愈不了解，愈容易做错事、说错话，那是因为心不由已地胡思乱想，口不择言地胡说八道，身不由主地轻举妄动，这些在在都显示自己不了解自己，所以无法掌握自己。

想避免发生这些身不由已、心不由已的现象，就必须认识自己、了解自己、肯定自己，对自我了解越清楚，发生错误的机会就越少；相对的，自我的思考、判断及言行举止，也会越正确。当我们对自己的心念越能掌握，对自己的信心便越加强，就能达到从自我认识而自我肯定而自我成长的目的。

佛法是教我们要放弃自我、要无我的，但在达到无我之前，先得要建立自我；先要提得起，才能放得下。当自我是什么都不知道时，如何放得下呢？

（八）起坐前的全身按摩

打坐结束，要起坐（出定）之前，心要先动，告诉自己要起坐了，身体跟着慢慢摇动，双手合掌，双手放在膝盖上，将身体做较大幅度的摇动，把每一个关节都摇动后；把腿放开，然后做全身的按摩。

按摩的顺序是先搓热两掌，用拇指背轻轻按摩双眼眼眶，并用搓热的手掌心敷压眼球；再用双掌按摩脸部、额头、后颈、两耳、双肩、两臂、手背、胸部、腹部、背部、腰部，尤其是两臂腋下多淋巴结处、后腰肾部及命门，多多按摩有益健康；接下来右边大腿、膝盖、小腿，左边大腿、膝盖、小腿，并轻柔转动双足脚踝。

打坐的人，后腰非常重要，应多按摩。

按摩小腿时从膝盖骨下三指的足三里处，往下一路按下去，会有点痛，但对胃肠有调节作用。

当生活、工作紧张，压力大时，火气大，肝火上升，容易便秘。在肚脐眼左、右两侧各三指处，用二或三个手指稍微用力压下去，压三、五次就有效了，大便不通比气不通还不舒服，也会影响打坐的兴趣。

此自我按摩的运动法，可使初学坐禅而感到的疲劳完全消除，身心感到柔和温暖与舒畅。按摩时，必须将注意力集中于掌心或指头。整套按摩约十五分钟可做完，如做得简单些，则约三五分钟亦可做完。除了打坐之外，平常感觉疲累、困倦时，都可做做全身的按摩，对消除疲劳很有功效。

现代人很流行找人按摩消除疲劳，其实自己的气最好依靠自己打通。

（九）打坐注意事项

当脑筋清楚、体力充沛的时候，最适合打坐，最好养成每天固定的时间打坐，例如早上早些起床，晚上洗完澡睡前各坐一次，每次至少十五至二十分钟，如能坐到半小时至一二小时更佳。

早上起床刷牙洗脸后，喝些温开水再坐较好，如觉得累，喝一杯咖啡提神亦无不可，没有严格限制，但不要喝太浓的咖啡，会使心脑兴奋，不易定得下来。

吃太饱、喝醉酒、太疲倦、做过剧烈运动或刚有过性行为者，身心均处在乏力状态，不宜打坐。

向来有子（晚上 11 点至凌晨 1 点）、午（中午 11 点至下午 1 点）两个时段不宜打坐的说法，但现代人的生活习惯与以前的人不同，如碰上只有子、午两个时段才有时间打坐时，只要坐的时间不是太长，亦是无妨的。

我们要学习放松，随时练习在使用头脑时能不用眼睛，用方法使眼睛、小腹放松，可以节省很多能源，此外，也要注意营养的均衡，做到“开源节流”。

能源充足能使我们身体各管道没有阻力，气脉便能畅通，那么消化系统、循环系统和神经系统也都能通畅，我们用打坐、运动的方法来达到这样的目的，这是属于健身（调身）。

打坐时腰杆原是挺得很直的，坐久了，会慢慢弯了下来，如不是弯得很厉害，不需刻意调整姿势，那会使自己紧张。如果气通了，背椎腰背会自己挺直的，完全是由气带动，不是人为的操控，这是非常奇妙的现象。

不常打坐的人单盘腿就可以了。如果是瘦子，双盘时双腿会卡得很痛；如果是胖子，则两腿的腿肉会把双腿卡成一高一低，也不舒服，单盘比较平稳。

打坐时如觉得时间过得很慢，是因为心不能安定，心里不自在的缘故。时间的长短跟心情有绝对的关系，心不能适应，就觉得时间长；心能适应，便觉得短。所以佛经里说，在地狱觉得时间特别长，在天堂觉得时间特别短。当心不能适应时，便需要予以调整，方能得自在。

三、经行、立禅

经是持续不断、经常不变的意思。经行是指在行走之中，我们的心念没有被自己的妄念及外界的环境打断，亦即行走的过程中，我们的心不要被自己内心的妄念和外在的环境打断。

（ ）经行方法

经行的方法是右手握虚拳，左手手掌抱住右手，置于前腰之前。慢步经行时，每一步都尽量地慢，一脚跨出，先将脚尖着地，再慢慢将脚掌、脚跟放下。平常每跨一步，大约半个脚掌至三分之二脚掌的长度，也可视情况调整。经行时要清清楚楚地感觉每一步的跨出、着地及换脚的感觉，尤其要把注意力落定在脚尖、脚掌、脚跟着地的每一瞬间。

除了动作之外，经行时的调息、调心方法，均与打坐时相同。基本上从头到脚，全身的每个部位，都要尽量完全地放松，头顶天，收下颚，缩小腹，腰背挺直，眼睛微闭，自然地向下前方看，面带喜悦的微笑。

脚虽是踩在水泥地上，因是脚尖先着地，重心在脚掌前端，因此感觉地是柔软的，如是脚后跟先着地，便会感到地是硬的。当脚掌完全着地时，会感觉到地有一股吸引力，地就像一块大磁石，把这只像一小块铁一样的脚吸住，每一脚踩下去，均被稳稳地吸住，无论身体如何摇晃，都不会影响脚步。提起脚时则感觉仍有吸力，因此仅能慢慢移动抬起，再换另一脚踩下去，两只脚都应是很稳定的。

一方面注意重心，一方面注意动作，注意动作的感觉从小腿到脚尖，每一个移动，都感觉得清清楚楚。此时听不到四周的声音，那跟自己无关；看不到周边的景物，景物也跟自己无关。只是专心注意在两腿两脚的每一个动作。这是在锻炼心的忍耐性、稳定性和意志力。

（二）步步为营

经行时，在当下的一步尚未走好之前，千万不要迈出第二步，此可称为步步为营。营就是能攻能守，进退自如，攻能百战百胜，守能固若金汤。如果只是站着不动，或者还没站稳就动，都是不妥的。

有人说“活在现在，佛在现在”，正是此意。“现在”可长可短，短如一个念头、一个动作、一小时、半天、一天、一个时段、一生一世等都是。精进修行的人，应当“克期取证”，“期”即是指定一个时间的规划，在此特定的期间，要完成一个预设的目标。在当下的此刻，要站得稳稳的，守得牢牢的，再把这一刻的心境，继续延长为一个时段，在此时段内，全力以赴地完成既定目标，千万不可半途而废。这就是将现在延伸，而达成实证的目的。

一般的修行人，常会三心二意，例如今天念佛，明天持咒，后天拜忏等，这样的修行必修不好。应当先把方向掌握认定后，一门深入，坚持到底。这个原则，也可用于成事及做人，当依各人本身之资质，选定方向，奋力前进，即能完成一项大事业，至少也能尽力走完自已该走的路。否则就像赛跑时经常变换跑道，终其一生，便可能一事无成，却还认为空有满腔热血，竟然落得英雄无用武之地，而怨天尤人。

经行时大家是同一方向走，每步均宜踩得很稳。当别人脚步宽时，跟着宽，别人慢下来时也跟着慢，这是团队精神，否则别人慢自己快必发生冲撞。但在团体的人同中可有小异，经行时整体方向是一致的，唯脚步大小，则依个人情况，可大可小，加以调整，但不能影响整体之活动。所以集体修行有助于发挥对别人的关怀，以小看大，可扩及对团体、社会整体的关怀。

人是群体的动物，不可能离群索居，尤其现在的工商社会，人与人之间的关系更为密切，彼此均是息息相关的。因此个人的方向、目标，宜配合团体或全体的方向、目标而行。如硬要跟全体逆向而行，必然问题丛生，除非已发现他人走反了方向，能肯定自己的逆向而行才是正确的，那倒也可以纠正他人走上正路来。

经行的时候，整个注意力集中在脚的移动和身体的移动，很清楚地感觉到自己脚踏实地，步步为营，不断地往前进。这时的你，会发现越走越有意思，越走越感到愉快。

（三）立足点和方向感

当我们踩在茫茫的沙漠地上，那种感觉是虚浮不实的，人生过程中最重要的是立足点和方向感。生活中如常有踩不稳，和迷失方向之情况，无论是短暂的或终生的，都会给自己和别人带来莫大的困扰。

在户外经行，通常都感到轻松愉快又自在。有些人感觉慢步经行比快步经行更安定、更自在；有些人则觉得快步经行比慢步经行更能集中注意力，这与慧根之深浅无一定关系，倒是与个人的体质及生活习性有关。

有些人觉得，在禅堂里打坐比在室外经行，更感到安定和舒服，有些人相反。在禅堂里打坐与在室外经行，都是必要的。通过动中修行与静中修行，期使我们在生活中任何一种情况下，都能摄心收心，随时随地，动静相宜。

在禅修营中所教授的方法很多，但是每一个人都可依照自己的状况，选择适合自己的方式去练习之后，便能慢慢体会到个中的妙用。这套禅修方法，对社会各界人士均适用，在不同的时代也一样适用。

（四）立禅

当我们等车、等人或搭乘巴士时，以及凡是需要站立时，便可用立姿修行，叫作立禅。

中国人所谓的打坐，英文的名称叫 meditation，就是冥想的意思，冥想是坐、立、躺均可以做的。

冥想和思考不一样，思考是集中精神去想一特定的事物，冥想则让自己的头脑完全放松，使之处于很宁静、明净、空灵的状态。有人形容冥想为跟自我的心灵约会。

在佛经里，把 meditation 翻成思惟修。一般人的观念认为禅坐就是“坐”，因此害怕来参加禅修活动，怕自己的腿不够熟练，坐不下去。其实真正的参禅，也不是光靠用腿坐的，行、住、坐、卧，皆可参禅。

立禅的姿势，上半身与打坐相同，双手自然下垂，双手握虚拳，手指自然轻松弯曲，大拇指轻轻扣住食指和中指，不宜用力，此式是让指尖之气，能相互交流不外泄，但不要为了做好这个姿势而变得紧张。两脚打开与肩同宽，膝盖微弯，把重心平均放在双脚的脚掌上，不要把身体重心集中在脚跟上，其用意在于可让我们的上半身较为舒缓不紧张，且重心较稳。此时除膝盖、小腿及脚掌，需稍微用力之外，身体其他部分，尽量地放松。

站好姿势后，可用你平常用惯的方法，不论是随息法、数息法、念佛法、念佛数数法的哪一种，都是可以的。

一般人在站立时，如把眼睛闭上，会有失去重心而身体摇晃之感，容易倾倒，所以练习立禅时，还是把眼睛睁开为宜。立禅是随时随地只要站立着便可做，不过，若在户外，要记得把随身的物品摆在脚前，方便照顾以免遗失。

当站立时，过五至十分钟双脚可能产生麻、僵、硬或累的感觉，可将身体重心移到一只脚上，让另一只脚休息，等重心所在的脚累了，再换到另一只脚上，双脚相互交替，但切记勿频频换脚，避免影响身心之安定。站立时，要去感觉或想像着心中的轻安及喜悦。

参禅的重点虽不在“坐”，但以人体的结构、重心看，仍以“打坐”较为舒服、合适并且持久。唯在禅修时为变换姿势，调剂身心，立禅仍不失为一种很好的辅助方法。

四、对治妄念，禅修与神通

（一）对治妄念

不论是在坐禅、立禅或经行时，总会有杂念持续不断地浮现，并且无法有效摒除。

通常在用心思考告一个时段之后，会觉得疲倦，那是因为集中心力思考，非常消耗体能，同时要把杂念排除，也是很费体能的，因此会有累的感觉。

如何能在杂念浮起时，加以化解；如何做到思考时，不觉得累？是需要通过训练的：

1. 让自己的心更忙些。当心里没事或太单纯时，杂念也容易出现。譬如打坐时数息或念佛数数，杂念仍不断浮现的话，不妨改用倒着数数，从十倒数到一。若再不行，还可跳着数，只数偶数或只数奇数。甚至还可把数字增至二十来倒数。就能令自己的心念专注。

2. 什么也不想，仅注意自己有没有妄念，这是最轻松的方法。很清楚自己有没有妄念，妄念一起，马上觉察，也立即停止。但当妄念纷飞绵绵不断时，往往会跟着妄念进行，时间过了很久，自己还没发现，因为妄念就像银幕上的影片一样太有趣了。这时当用数息法或念佛法，来调息、调心。

当打坐、经行用功时，不经思考而起的念头，无论善念、恶念，均属杂念、妄念。用功时即使起了赞叹佛法、布施救人的念头，也是妄念；打坐就是打坐，经行就是经行，别无他念才是正念。若于布施救人时，想到打坐、诵经，也是妄念。

3. 当偶尔有一两个妄念浮起的话，还不算问题，严重的是，妄念就像放映电影一样地持续下去。这时候可以随顺妄念想下去，同时注意是什么性质的妄念，到底想些什么，给予分类分级，妄念自然平息。或者注意自己拜佛、经行、坐着运动双手的每一个细小动作及感触，妄念也会平静。

打坐是要慢工出细活的，要有恒心、毅力，要保持每天定时打坐，成为习惯，成为日常生活的一部分，日积月累，必有收获。到了那个程度，若有一天不打坐，都会觉得生活有些失序。非有长期打坐经验的人，难以体会到混乱的思绪与井然有序的思维之间有绝大的区别。

禅修的功能，有三个层次：1. 身体的健康；2. 心理的平衡；3. 精神、人格的升华，以及智慧的开发。如果只在方法上用功，欲达到头两个目标是不太困难的，至于第三个目标就不容易了。所以禅修者，除了健康的方法，尚需有正确的观念做指导，才能从身心平衡而进步到人格的升华及智慧的开发。

很多资深的禅修者，打坐的工夫很深，心理却很不平衡，贪欲心虽被控制，却充满自负、嗔恨、嫉妒、猜疑等心情。这都是由于未知佛法的“空”理所致。

（二）禅修与神通

禅修者如无好的老师，指导正确的观念，纵然身心变化，似得神通智慧，也在邪魔境界。

这种人可能在修禅定的过程中，得到些神通感应，或许是天眼通、他心通、天耳通、宿命通、神足通，即使具足五神通，其骄慢心、嗔恨心、疑虑心还是很重。表现慈悲宽大，而对其自我的观点，自我成就的利害得失、名闻利养，还是看得很重。

这种人有某种程度的神通力，能为人解疑，告诉你的过去、未来，看似对人有益。但从另一个角度看，因他们个人的人格不健全、性格不稳定，岂是真的成就和解脱；且可能造成大众对神通力的依赖、迷信，而失去自主自发的开拓精神，对社会的价值观念，也可能产生负面的影响。

若从正确的禅修观点而言，我们是人，应以人的方式及人的标准，由人来处理人的事务；若是人事而请鬼神来料理，那岂不成了人神鬼不分的世界了吗？我们都知道“敬鬼神而远之”这句话，因为“请神容易送神难”，对鬼神虽要尊敬，但要保持距离，太接近了便会为我们人的身心环境带来困扰。

我们人的社会，当依人的因缘、因果而运作，若借神鬼灵力之助，暂时看来似乎帮了忙，从深远处看，实是混淆了既有的秩序，反会带来更多的麻烦。

人有“共业”也有“别业”，属于个人的因果是别业，属于大众共同大环境的因果叫作共业。不可以用特权或非自我努力的方式去改变既定的共业，否则牵一发而动全身。不可因个人的暂时利益而造成整个社会因果的错乱，遗祸于未来。

神通在佛陀住世的时代，佛与阿罗汉都曾运用。但那只是在显示佛与阿罗汉的力量不可思议，而非为个人之利害改变其因果原则。且佛与阿罗汉不断地表示因缘不可思议，因果不可思议，其错综复杂的关系是不易厘清的，唯有靠自己的努力，来完成自己所能完成的心愿。

现在用一个佛经的故事来说明业力、因果的不易改变。

释迦牟尼佛的故国，是印度的一个小城邦，名叫迦毗罗卫，释迦牟尼佛出家以后，该国的许多精英也跟着出家。未出家的释迦族，则有一大共业的业报现前，故将遭到灭族亡国的灾难。释迦世尊座下，有一位神通第一的大阿罗汉目犍连尊者，悲悯释迦族人的灾难，乃请世尊显现神通化解，佛陀心里虽感到悲痛，但却深知业力不可违，因果不可改，所以默然不语，经目犍连一再请求，世尊才答应试一试。

释迦世尊于烈日当空之际，坐在敌军必经之路的一棵大树下，那棵树已经干枯得仅剩一截老干。当摩揭陀国的琉璃大王，率大军去攻打迦毗罗卫国的途中，看到世尊坐在大枯树下，便下车请问世尊："为何不找一株有荫的树下去坐?"世尊仅答以："一切荫不如祖国之荫。"琉璃王听后似有感动，掉头把军队带了回去。

第二天，琉璃王还是想攻打迦毗罗卫国，世尊又坐到大枯树下，此次琉璃王路经时不再下车问话，仅在车上狠狠瞪了世尊一眼，便掉转军队回去。但世尊已然了悟，其族人之共业是无可挽救了，因此第三天便不再坐到大枯树下去了。

目犍连尊者则于心不忍，便运用他的神通，把迦毗罗卫城的许多居民，装在他的钵中，来保护他们，世尊亦未加阻止。等到第四天琉璃王的大军攻破了迦毗罗卫城后，目犍连要把那些百姓放出来，发现钵中仅剩血水，无一人存活，这些释迦族人，都是在劫难逃。别说目犍连的神通救不了，连释迦牟尼佛的力量也无可奈何!

这说明神通还是有其局限性，强大的共业及定业是难以改变的。只有用两种方法可以改变命运：一为被动的受报，一为主动的还报（还债）。

故在正统的佛法，是不轻易用神通的，禅宗更是忌讳、禁止谈神通和用神通。如有禅师说自己有大神通，并且表演神通，那必非正统的禅师，可能是修学其他法术的附佛法外道。

那么禅师究竟有否神通？答案是肯定的，如果禅修的工夫很深，有神通是很可能的。因为这种人的心非常宁静安定而统一，这样的"心"，能与外在的物质环境和精神世界统一，因此他能接收到一般人无法接收到的讯息，这种讯息不是一般所谓的电波，而是心的磁波（心波）。但是一位已得解脱的大阿罗汉，或是一位中国禅宗已得大悟的禅师，却未必有神通。解脱是因悟得无我的智慧，大悟是悟毕竟的空性，所以未必会跟神通相关。

禅修的人如遇到灵体附身或异象出现时，切记要懂得处理，对善境既不贪着，对恶境亦不恐惧，便可安心自在，不受干扰。

提醒自己要做到三种统一：1. 身心统一，2. 内外统一，3. 念念统一。第一步要达成身、口、意三业相应的目标，第二步要完成身心世界粉碎的程度。如何做到呢？要如禅宗有句名言所说："佛来佛斩，魔来魔斩。"就是处理异象的最好方法。

所谓的"斩"，就是用智慧之剑来勘破戳穿任何异象，不论是好境、坏境，凡有异于常情的现象发生，或声、或色、或味、或触都要把自己当成一个绝缘体，便可不受任何异象的干扰了。

所谓善境好境，就是在你打坐时，可能在你面前出现诸佛菩萨，通常都不是真有诸佛菩萨现前，而是内心的妄念的反应或是外来诸魔的干扰，使你不能达成心境统一的定境，更不能发明心无挂碍的空慧。此时如不保持正念，就有可能使你变成一般民间宗教所见的灵媒或乩童。

在禅修过程中，身心有所反应，是正常的。心理的反应是要达到宁静、和谐和安定，使情绪不易波动。如产生神、鬼、精灵、佛、菩萨等，在耳边说话，在面前出现，或使你进出佛国净土、天堂地狱等的境域，均属幻境，应当不予理会，切切不可执著，只要见怪不怪，必可平安无事。

至于身体的反应，酸、痛、麻、痒、气动等现象，均是正常的。如遇头部胀痛，心脏不舒服时，若无老师教你如何处理，便不宜继续打坐，应该去看医生了。

禅修会不会开悟呢？答案是肯定的，但是开悟有速有缓，有的人能于一闻佛法，就在言下大悟；有的人累劫修行，也不开悟。一般人修行，自我的心都指挥不好，自信心也不易建立，所以很难开悟。必须先从炼心和净心做起，才能从肯定自我，提升自我，然后把自我的执著放下，便是悟境的现前。

学佛修禅的最基本要求，是先有自知之明，健全人格，建立信心，如果心理不正常、性格不稳定、观念不清楚、行为不端正，而想借禅修开悟，便会带来走火入魔的危机。禅修者最忌讳的是迷恋神通，那会道致各种魔境的产生，丧失努力的自信而依赖神力的迷信。这与禅者的自我肯定、自我提升、终至于自我消融的修行，是背道而驰了。

1993 年 9 月 1 日至 4 日法鼓山第四届社会精英禅修营

Chapter 2
一般佛法开示

佛是自觉、觉他、觉行圆满的人，也就是自利利他、无我无私、悲智无限、究竟圆熟的人。佛是充满智慧功能和慈悲行为的人，他是无上的“大觉”者。当自利利他、自觉觉他的功德究竟圆满之时，自与他、内与外、善与恶、主观与客观等分别心，都不存在，只有无我的智慧和平等的慈悲之时，那便是成佛了。

一、佛与菩萨

佛是自觉、觉他、觉行圆满的人，也就是自利利他、无我无私、悲智无限、究竟圆熟的人。佛是充满智慧功能和慈悲行为的人，他是无上的“大觉”者。当自利利他、自觉觉他的功德究竟圆满之时，自与他、内与外、善与恶、主观与客观等分别心，都不存在，只有无我的智慧和平等的慈悲之时，那便是成佛了。

菩萨是能够自利利他的人，并且是以利益他人来做为成就自己的人。菩萨是能够用佛法断除自己的烦恼，解决自己的问题，也能够用佛法来关怀他人，帮助他人解决问题的人。菩萨又被称为“觉有情”，觉悟是智慧的来源，有情众生是悲心的来源，若将智慧和悲心运用得宜，相辅相成，便称为悲智双运的菩萨。菩萨道的完成者，便能成佛。

一个人，如果仅是为了个人的财富、权势、名位而努力奋斗，必会引起他人的猜疑、嫉妒、觊觎，而来跟你明争暗夺，那就像是一群野犬争逐一块骨头，会给你带来忧虑、挫折的打击和困扰。

如果能以利他为目的而努力于自我的成长，则可经常保持坦荡的心胸。因此，自利者必须是以利他为出发点，才是具有智慧和慈悲的人。此种人的心量，犹如大海，可纳百川，也能滋养万物。在自利之前，已有利人之心，如此所得的利益，便是实至名归，才不会变成自己的包袱而带来烦恼。

世人汲汲营取，多为了自利，却在获得自利的同时也招惹了更多的烦恼，解决问题的同时，又增加了更多的问题。就像入宝山取宝，当在取得宝时，竟是搬了石头砸了自己的脚，看来极其愚蠢，犹自乐此不倦。类似的情况，岂可说是真正的自利。所以站在菩萨的立场，自利必须建立在对众生有益的基础上。

在一个共同生活的社会里，小至一个家庭，大至整个世界，为了自利而自利的人很多，为了利他而自利的人很少，必然问题丛生；每一个人只顾自利而不愿利他的结果，是大家没有好环境住，大家没有好日子过。相反地，若能以利他为出发点而努力的人多，这个环境便能在平顺和谐中繁荣，每一个个人，自然也都是身在其中的受惠者。这样的生活体系，便是菩萨道模式的环境了。

依据大乘佛教的观点，凡是信佛学佛的人，均可称为“菩萨”，虽从一般初发菩提心的凡夫菩萨到最高位的等觉菩萨，乃至成就正等正觉的佛，其间差异，犹如天壤，但其修行的原则是一致的，那就是：止恶、修善、利益众生，合称为菩萨所持的三聚净戒。凡夫持戒，必定犯戒，不过凡夫阶段的菩萨行者，就像是初生的婴儿，样样从头学起，也像婴儿学习走路，爬着走，滚着走，跌倒了站起来再走，反复不断地练习，便会越走越稳、越走越远了。因此在《涅槃经卷十一》，称学佛的人分有五种行：圣行、梵行、天行、婴儿行、病行。婴儿行及病行，都是大菩萨们以圣示凡的范例，也是初发心菩萨们以劣向胜的范例。

修行菩萨道的动机，是为利益众生，透过利益众生的修行过程，最后则是利益菩萨自己，成就了菩萨的悲智，完成了佛的果位。

二、活在现在，佛在现在

佛在佛国净土，也在我们心中。佛是具足智慧与慈悲的人，如果我们念念活在现在，念念都与佛的智慧及慈悲相应，佛就念念与我们在一起。如果念念之中自心有佛，我们的自心也就是佛，所以佛是由人完成的。当下的一念心中有佛，当下的一念即与佛同，念念心中如果都有佛，念念之间也都是佛。如你念念活在当下的智慧与慈悲之中，当下的现在，你就能够见佛成佛。

当然，凡夫不可能每一念都跟清净的智慧与慈悲相应，所以要常常提醒自己：练习着念念活在现在，把握住每一个念头的当下。便可体会到佛是无时不在、佛是无处不在的事实了。

这样的观念和这样的方法，可以帮助我们去除自身的烦恼，虽你还是处身于尘世，却也能体验到超越尘世的自在。当你心中充满了贪、嗔、痴等心垢之时，即是身处尘世；当你心中没有那些心障之时，那就是超越于尘世之外的人了。可见出世并非一定要离开现实的世间，而只要心念不受物欲的诱惑及逆境的刺激，便是解脱。因此，禅宗的《六祖坛经》曾说：“佛法在世间，不离世间觉。”

可是，一般的人往往因为不能把握现在，也不能念念活在当下，便无法领会到佛在心中。其实只要不是沉溺在过去和未来，就是认真地活在现在；若能不将过去及未来的人、事、物等种种境界执为实有，便能活在现在而体会到佛在现在。

因此，学佛的人要时时提醒自己：活在现在，不要老是活在过去的回忆中，也不要老是活在未来的梦想中。沉缅于过去和迷惑于未来，都是徒然浪费掉宝贵的生命，于人于己，都是损失。但这并不表示对于工作和生活，不需要检讨和计划。检讨过去，计划未来，便是对现在的肯定，也是现在的延伸。最好的方法，乃是时时刻刻都能努力于现在，体验着现在；展开现在，放下现在；念念清楚，事事分明。这就是活在现在，佛在现在的境界。

三、惭愧心

凡夫众生通常同时具有两种个性：一是虚骄、自负，一是自卑、自贱，看似两种不同的毛病，实则是一体的两面。

虚骄自负的人，多半是有些许能力的人，只因害怕别人瞧不起他，便像螳螂向车子伸臂，也像小狗小猫的张牙舞爪般地，展现他的攻击实力和防卫实力，以表示他的重要性，以满足他的安全感。

其实我们人类的所知所能，不论何人，都是非常有限的，每个人的身心和个性，也都有很多的缺陷。一个人对宇宙而言，是那么的渺小，一个人对于社会历史的影响，也是微乎其微。虚骄自负的人，故意不想了解这个事实，结果呢，一旦受到挫折，便会信心全失，即可能变成一个自卑自贱的人物。

在人的潜意识中，因为有自尊自大的我慢习性，故也含有一些神性的成分，而在神性中也同时会具有魔性。可是人性与佛性、神性与魔性之间的差别，很难分辨。尤其是神性与魔性往往是一体的两面，如果能有自我约束、自我反省及忏悔的修养工夫，便与佛性相应，便不容易表现出贡高我慢的习性，也就不易显露出神性及魔性的霸气与邪气。

在人类史上，所谓天纵的圣人，毕竟不多，所以诸佛菩萨化现人间，也多以凡夫身修行成道。因此可说，我们每一个人都不是天生的完人，或多或少都带着缺点和弱点。人在顺境中，自负自大的自信心越强，不可一世的傲慢心也会成正比地增强；相反地，一旦遇到挫折的困境，便会觉得满地荊棘，丧失自信而一蹶不振。这都是由于没有自知之明，不清楚自己的缺点，也不知道自己的实力；缺点是指才智能力及人格品行的不足，实力除包括才智能力及人格品行外，还得加上时节环境的因缘顺逆。我们必须了解自己是有所不足的，是有许多缺点的。在这样的认识下，凡事但求尽力而为，结果要靠因缘的发展。如果因缘不具足而失败了，也毋须气馁迁怒，毋须怨天尤人。相反地，如果因缘际会，功成名就，也当防止睥睨一世、得意忘形等傲慢心的产生；时时保持仁厚谦冲、虚心学习、谨小慎微、尊重他人的菩萨仪态，做一个有惭愧心的人。

有了惭愧心的修养，便能具有健康的心态和健全的人格，便不会轻易地接受成败得失、毁誉褒贬的影响。欣誉厌毁，乃人之常情，如果听到他人的赞叹或批评，只表示他人对你的看法，可能未必就是事实，自己的心，没有必要随着他人的毁誉及一时间的得失而起舞。若有惭愧心的人，他会闻过而喜，闻誉则惧，喜的是既然有人指责，便是有人爱护，君子之过如光天化日看纯玉小疵，知过能改，是最大的进步；惧的是自知不够完美，竟然有人赞美，稍不谨慎，便以得少为足，若被成功与赞美冲昏了头，前程岂不堪虞！

因为承认是普通人，无法像孔夫子所说的君子不迁怒、不贰过。所以我们常常是身不由己，心无主宰，而且不能自我警惕，唯有时常将惭愧心提起，庶几可免于不测的殒越。

我见到有一位事业很成功的企业家，抽烟抽得很凶，导致长期的哮喘，他虽很痛恨香烟，却又戒不了烟瘾。天天能够发号司令指挥大批的员工，却无法指挥他自己不要抽烟。因此他来问我怎么办？我教他先以惭愧心反省自己，再用毅力和耐心，渐渐地减少抽烟的数量，然后以坚决的信心戒烟。

正因为我们身心皆不受自己的约束，所以经常犯错还不认错，因此，只要承认自己一定有错，就会生起惭愧心来，跟着承担错误的责任，便名为发露忏悔。每日反省，常常惭愧，时时忏悔，内心自然清明，性格自然稳定，纵然未得悟境，也是一个健康和快乐的人。

四、拜佛的意义

一般人拜佛，多为追求财势名位及健康等利益，但是，有所求的拜佛，不能算是修菩萨行，故对人格的成长亦无助益，甚至还有鼓励人去投机取巧，走偏锋的负面作用。修行的拜佛，则有三层意义：1. 忏悔罪过，2. 修持禅定，3. 感恩礼敬。

佛教中常有批评只知磕头而不知忏悔、只知拜佛而不知惭愧者，那种拜佛，不过是如鸡吃米、如捣蒜头。只有动作没有用心，对于身体健康，虽也有用，对于人格的提升则不起作用。真忏悔是发自内心恳切的意念，不局限在一定的场所，也不一定要在佛像之前。佛像是礼拜时的道具，是伟大人格的象征。对于拜佛的凡夫而言，佛菩萨的圣像，具有证明我们正在修持忏悔功德的功能。只是佛与菩萨的法身，遍处都是，永远都在。

拜佛的动作，是心诚意敬地将双手合掌，低头弯腰，五体投地——两肘、两膝以及额头着地，完成头面接触佛足的最高的敬礼，又称为顶礼。

弯腰低头是表示谦虚，承认自己的福德智慧不足，以致犯了许多的错误。一般人是很难向人低头的，何况还要把额头着地呢！可是，大地是非常伟大的，大地孕育众生，负载众生，众生把大地踩在脚下，把不要的垃圾丢给大地，大地却提供我们无穷尽的资源。我们如此地享用了大地，无以为报，是否应该心诚意敬来感谢大地呢？其实，我们如果能够饮水思源，应该感谢、感恩的人实在很多。

成熟的人格，好像成熟的稻穗，都会往下低头的，越成熟越饱满的，头垂得越低；空心干枯的稻干，倒是头昂天外挺得笔直的。如此想通了，低头礼拜也就不难了。更何况在很多情况下，头不低还真过不了身，不肯低头而趾高气扬的人，往往会阻难重重，撞成鼻青脸肿乃至头破血流，还不知究竟错在哪里。

一般人向位高权重的人士低头，较为容易，对于没有利害关系的人乃至不如自己的人，能够低头，就必须具有大修养的工夫了。古时候的一些仁君贤臣，能够放下高高在上的身段，礼贤下士，给一般庶民予礼遇尊重，因而才能获得贤士们之辅弼效命，这就是敬人者人恒敬之的道理。现代人，虽都是平等的，每一个人还是需要礼貌的尊敬。对长辈及上司低头，是受大家认同的，对于夫妻之间及属下之前的低头礼敬，也不能说是不应该的。

犯了错误，当以礼佛来忏悔；心绪烦躁，当以礼佛来定心；得到了利益，当以拜佛来感恩。拜佛的动作，实在是提升人格的好方法。

五、蒙山施食

我们的晚课中，有一段《蒙山施食仪》。

施食是以佛法的功能，施给一切众生，做为活命的饮食。众生分为三类：一是佛教徒（佛子众），二是一般有情众生（有情众），三是所有冥界众生（孤魂众）。这三类众生是包括了凡夫世间的阳界众生以及冥界众生。

使用施食仪轨所施的甘露法食，是用七粒米及一小瓶净水作为代表，其真正的意义是让这三类众生，得到智慧，解除苦恼，增长慈悲，同修福报。使每一位有缘的众生都能得到佛法的救济，叫作得到解脱苦恼的甘露之药，又称为甘露法食；是通过各种真言，将七粒米和一小瓶净水，化为丰盛的美食，使得三类众生，解除烦恼的饥渴，同得法喜和禅悦。

六、发愿

每一个人都会贪生怕死，只可惜当我们从呱呱落地之时，便已开始一步一步迈向死亡的旅程。很多人自以为还很年轻，其实一眨眼间就会成为耄耋老者。人是很少能够活过一百岁的，虽然也有少数高寿的人，但其生命的快速，也像是石火光影中事。就拿我们每一分钟十六次的呼吸来算，活到一百岁，也只有八亿四千一百八十三万六千次，尚不是什么天文数字。我们的生命，就在呼吸之间，一分一秒一点一滴地消逝，却很少有人警觉得到。唯有听闻了佛法，开始了修行，才会真的发觉人生无常，时光飞逝。

在我们的晚课中，有《普贤菩萨警众偈》云："是日已过，命亦随减，如少水鱼，斯有何乐；大众当勤精进，如救头然，但念无常，慎勿放逸。"这是菩萨慈悲，苦口婆心地告诫我们，人命无常，人生苦短，应及时把握现在，发愿好好修行。

在我们的早晚课诵之中，都有发愿文，可见发愿对于修行之重要。简单地说，就是教诫我们，应当珍惜这个极其短暂的人生过程，及时努力，遵循通往菩萨道的方向，早日完成成佛的目标。

七、四弘誓愿

我们在生活上及事业上，必须有明确的方向和目标，对于生命的前程远景，更要有终极的方向和最高的目标。因此，我们发愿也有小愿和大愿，小愿多为小利、近利和自利，大愿则为大利、远利和利益一切众生。“四弘誓愿”就是为了一切众生的究竟成佛所发的大愿。

何为四弘誓愿？便是：“众生无边誓愿度，烦恼无尽誓愿断，法门无量誓愿学，佛道无上誓愿成。”这四个愿，是作为一个初发心的菩萨所必须具备的基本要求。由于菩萨的修行层次有浅有深，对此四愿的实践，也可因人而异、因时而异、因地而异，可以弹性调整自己的修行幅度与速度，但其大原则大方向是不可改变的。

现将四弘誓愿，分条说明如下：

（一）“众生无边誓愿度”的“度众生”

是从自己先来学佛为开始，而真正的自利却必须以能利他为出发点。也就是说，凡夫信佛学佛的原因，一定是为了先求自利，而要自利则必须先自觉，不能自觉就无法真正地自利，不能自利而想帮助他人，只是口号。如没有个“觉”字，自利的行为便会引发烦恼。如何觉悟？则又非得将自私的我执放下。

诸位菩萨来法鼓山参加禅修营，用方法把自己的心沉淀下来，让自己对自己多了解一些，从自利做起，进而便能利他。然后必须做到不思自利只知利他，这才是真正的度众生。利他的方法很多，有用物质的、精神的、知识的，有用个人的名誉、地位、信用、福报等的影响力。

常有人认为自己是人微言轻，没有什么能力助人。其实只要会念一句阿弥陀佛，能为需要的人做个祈祷和回向，也是助人。虽仅是简简单单的一句佛号，但我们相信：只要有心，诸佛菩萨确实有感应。“众生有尽，我愿无穷”，便是菩萨所发的大悲愿心，又名大菩提心。

（二）“烦恼无尽誓愿断”的“断烦恼”

人们都是因为没有智慧，才会烦恼丛生，苦不堪言。

天下本无事，烦恼都是自己制造的，一般人却认为烦恼是外在的环境带来的。其实，真正的困扰，是来自各自内心的挣扎，就像俗话所言：“酒不醉人人自醉，色不迷人人自迷。”人之所以会受外境的引诱、冲击而起烦恼，而产生困扰，都是由于“自我中心”作祟，包括我贪、我嗔、我痴、我疑、我慢、自卑、嫉妒等的习性，如果你能把自我中心的执著放下，把事实真相厘清，外在的环境就困扰不到你了。

佛教将烦恼之多，称为八万四千尘劳，其实是说烦恼的种类之多，有八万四千，而其根深蒂固，生灭不已，所以称为无尽。可是，若不断尽烦恼，永在生死的苦海之中，唯有断除我见我执的自我中心，无尽的烦恼，才会一时断尽。

（三）“法门无量誓愿学”的“法门”

指的是学佛修行的种种方法和观念，用佛说的无量法门，来对治众生无尽的烦恼，用种种法门来帮助他人，称为度众生，帮助自己，称为解脱烦恼。

对于个人的自利而言，只需一门深入或少许法门，即很受用，对于无边的众生，则因根器不同、时机不同，烦恼的问题也各不相同，因此，针对许多不同的需要，就须有诸多不同的法门。

例如光是打坐，就有好多不同的方法，可以睁眼也可以闭眼，可以随息也可念佛，可以数息也可以数数念佛，随息可随鼻息也可随腹息，数息可顺数也可逆数，另有五停心、四念处等次第禅观，也有参话头及默照禅等顿修法门。端看每个人的不同情况而用不同的法门。但是，一门通即门门通，只要选择适合自己的法门，一门深入，通达之后，对于其他各种法门，也能如数家珍了。

以我们这个佛殿为例，有好多个出入口，只要选择其中一个，便可进入大殿，一旦进入殿内，便可以跟其他每一个出入口进到大殿的人一样，一目了然就知道这座大殿有几个出入口了。所谓条条道路通罗马，其中道理也是这样的。

(四)“佛道无上誓愿成”的“佛道”

也就是发了菩提心必将成为佛的意思。《心经》及《金刚经》等诸大乘经，所提到的“发阿耨多罗三藐三菩提心”，就是现在发了无上菩提心，将来一定会成无上的佛道。凡夫位的众生，彼此相处，都有亲疏之别，一旦发了无上菩提心的人，就要学习佛的心量，对众生则是完全平等，无所分别，也就是无限的包容和平等的关怀。当烦恼断尽、智慧圆满、慈悲无限、福德圆满，就是无上正等正觉的佛了。

八、皈依三宝

“皈”是由“白”与“反”两个字组成。“白”代表光明，其反面的“黑”代表黑暗。当一个人的习性不好，造诸恶业，便陷自己于黑暗之境，我们欲脱离黑暗之境而得到光明，便称之为反黑为白，简称为反白，就是“皈”意。“皈依”则是接受、认同、回归和依靠之意。三皈依是皈依佛、法、僧三宝。

在人间修行证悟解脱而得无上涅槃的人是“佛”，由佛所说的经教是“法”，传承弘扬佛法的出家人是“僧”，由此三者，便构成了佛教，若缺其一，即不成其为佛教；若只信仰其中的一宝或二宝，也非正信的佛教。

出家、在家二众，都是一样的能够修学佛法、行菩萨道。唯出家的僧人是以全部的生命和时间，来过清净的梵行生活，来修学佛法、弘扬佛法、住持佛教；在家居士则还有家业负担，不易像出家僧人那样能够全心全力全时间全生命地投入，因此出家的僧团便成为佛教的中心。学佛的人，除了依靠对佛的信仰，依靠佛所说的法为准绳，还要依靠传承佛法的僧人来做正确的指引。

僧是指僧团而非个人，僧团的存在，便代表着佛教的存在及佛法的弘扬，而每一位弘法的法师，都是僧团中的一员，道场不分彼此，僧团不分彼此，大家都是回归到本师释迦牟尼佛传下来的三宝。

从信仰上说，佛、菩萨、诸天护法，都是有感应的，我们修学佛法，需仰赖诸佛菩萨及一切善神的护念护持，依赖僧团将佛法传授给我们，作为修行的依据。简言之，信佛学佛，必须以佛、法、僧三宝为依归，即称为皈依三宝。

谈到皈依，有些人认为是很严重的一件事，误以为皈依之后，须受到很多的约束，便为自己找出种种的借口，或说尚是初学，对佛法懂得不多，所以不敢皈依，或说自己的条件因缘尚未具足，等待因缘成熟时再说，其实就是不敢皈依三宝。这像是一个病人，以为自己的病还不够重，所以不愿去看医生一样；讳疾忌医，是很错误的观念。事实上，当一个佛教徒，是很简单的，不用发重誓，也不需备厚供，只要请一位皈依师在佛前为你证明，证明你已发心，愿意接受三宝，并以三宝做为人生的指标，那就是三宝弟子，那就是皈依三宝。像各位菩萨，在禅修营的这段时间，成天跟着师父修行，每天早、晚课时，也都跟着僧众唱诵了三皈依词，实际上已是三宝弟子了。

九、感恩

有一位养女，出生时因家境非常贫困，被生父母卖给她的养父母，虽然养父母非常疼爱她，但她未曾享有生父母的爱，始终认为自己是个被弃的孤儿。她感激养父母养育疼爱之恩，却痛恨其生身父母将她遗弃了。直到她自己怀孕生子，才体会到生养孩子之不易，才渐渐谅解了她的生身父母，愿意同样地感恩他们。

另外有一对夫妻，生下一个残障儿，感到非常痛苦，为了不忍孩子一生受罪，也害怕一辈子照顾残障孩子的负担，几乎有一度想把孩子弄死。我告诉这对夫妇："各人有各人的福报，应该把这孩子当菩萨看，他是来度你们的，如果折磨了你们，是为让你们得到更多的人生体验，从照顾这孩子的过程中，你们可以体会到什么叫作慈悲，什么叫作无私无怨的爱。"他们终于把残障儿留下来，奇妙的是，自从这孩子出生以后，他们的事业越做越好，而在照顾孩子的相互扶持中，夫妻的感情也越来越融洽，最后他们也认定这孩子真是个菩萨，为他家庭带来福报、带来快乐，从而对孩子产生感恩之心。

在一般人观念中的感恩，多半是指父母的养育之恩、师长的教导之恩、亲友的扶持之恩。其实，做父母、师长的人，也要懂得感谢子女、学生，让自己有付出关怀机会的成全之恩。

一般人往往恩怨分明，认为有惠于己的，才是恩人，给予痛苦的，便是怨家、对头。但当知道，人生有些波折，才能有所成长，所以不论顺逆，凡是成长成功的助缘，都应该心存感激。从修学佛法的立场看，唯有怨亲平等，才能包容一切众生，才能肯定自我、提升自我、消融自我。

知恩报恩，是做人的基本；知恩不报恩，是忘恩负义；不知恩也不报恩，那就是禽兽不如了。

如何报恩？例如我自己，受到父母、师长及各方协助之处甚多，等到我有能力回报之时，父母、师长等恩人，多半已不在人间，只有尽我的能力，帮助更多的众生，来表达对恩人的感恩。

恩惠就像流水，自上而下，顺向而行。因此感恩的方法，便是顺向往前推动；简言之，即是承先启后。把从前人处所受的恩惠，再施予后人，绵延不绝。

因此，当诸位对我礼拜，感谢师恩的时候，我也感谢着你们。因为你们诸位菩萨，让我有机会传授我的所知、所能。教学相长，利他便是利己，在你们得到利益的同时，我也有所成就，对我个人人格的提升及人性的发挥，又往前跨了一步。所以我们对周遭的一切，都应心存感恩；对自己所付出的一切，则不应求其回报，如有所期待，便成了有漏功德。例如此次禅修营的举办，我究竟有何功德？端看诸位能将在此所学的，有多少可以应用到各人的生活和工作中去，对各位自我之提升，各位对周遭环境之影响，到底有多深广而定。更何况禅修营的成功，除我担任指导的师父之外，尚有十多位僧尼法师以及二十多位男女义工菩萨的奉献。功德属于大家的，我们应该大家感恩大家。

十、三宝恩

做为一个佛教徒，应当常常感谢三宝恩德。铭感释迦牟尼佛的恩德以及历代祖师们的恩德。因为：

1. 娑婆世界的一切众生，得闻佛法，乃是仰仗十方三世一切三宝之弘传佛法和住持佛法。“十方”是指尽虚空界的所有空间，“三世”是指尽过去际、尽现前际、尽未来际的无限时间。众生是依靠流传于无限时空的佛、法、僧三宝，而得闻佛法、修行佛法。因此应该心存感恩。

2. 世尊在我们这个世界修行成佛，并把他修行的道理和方法，用四十多年的时间，在印度各处传法，依各人之根器、个性，因才施教，说了种种法门，经后人结集成一本本的经典，再由出家法师像输送管那样地，一代一代依这些经论，把世尊所说的佛法，传播给有缘需要的人，因此我们要感谢世尊，修道悟道，留下了遗教。

3. 世尊的肉身，仅在地球的人间，住了八十年的时间，我们现在利用的佛法，是他的法身舍利，一部部的佛经，是由一代代的高僧、祖师为中心，在家菩萨为辅佐，以他们全部的生命学习、修行、体验佛法，再一代代传承下来给了我们，因此我们亦要感恩历代的一切菩萨祖师。

十一、回向

回向的意思是：1. 回己向人，2. 回小向大；3. 回有限向无限；4. 回有漏向无漏。

做任何好事，不论是无形的、有形的，为己的、为人的，均有功德。如果认为该功德只应归于自己，功德便很有限，因为个人是一个非常有限的存在。相反地，如果把功德回向给一切人，其功德将是无限的大了；如果做了功德而不执著功德，便是做的无漏功德。

《维摩经》中有一个无尽灯的譬喻：点燃自己的一盏油灯，那照明度是很小的，如能主动去点燃别人或被动地让别人来点亮他们的灯，那么灯灯相传相续，点亮的灯越多，照明度越强，照明的范围也越大，终究使大家都能得到光明。

所以说做人不可自私自利，千万要有自利利他的观念，自己得到了利益，不要忘了也不要吝啬与别人分享，这叫回向。

人与人彼此之间，是息息相关而无法单独存在的，所给予别人的利益，会像空气的回流，又像日光的反射，最后又回到自己身上，这也叫作回馈。

如果人人死守着个人的钱财而不活用流通，那便是冻结了社会资金，停滞了经济活动，那会使社会萧条，人人都得不到利益。相反地，如果人人能把多余的钱财存于银行，不但个人可以得到利息，也能带动社会经济的发展和繁荣。这也是回向的一种。

有些人做了功德或念了经，回向的目的很多、很贪心，包括祈求自己和家人的健康，以及财富、名利、权势等，就像仅仅做了一点好事，便列了一张长长的请求单，要求佛菩萨去代为执行似的。把功德的利益回向给自己，虽然是人之常情，但是如果能将所做的功德，回向给一切众生，自己不仅无损，而且是成就了更多的功德。如果不为自己求功德而愿众生得利益，众生得了利益，也不以为那是由于自己的回向，那样的回向，才是清净无染的无漏功德，也是无边无量的无上功德。

十二、因果、因缘

佛教认为宇宙万物具有一个共同的本质，就是“缘起性空”，缘起性空的主要内容便是因果和因缘。佛教另有一个观念叫作“妙有论”，其内容说的也是因果和因缘，是从妙有了解真空。真空并非“无”，真空存于妙有之中，即空即有，非空非有；空有二者，看似两个相反的观念，实则却是一体的两面。

（一）因果

因果分为两类：1. 有漏因果（凡夫的因果），2. 无漏因果（圣人的因果）。因缘亦分为两类：1. 因缘有，2. 因缘空。因缘有的“有”，是指有因有缘而产生种种现象；因缘空的“空”，是指一切现象的自性本空。自性不是哲学上所称之本体，而是说，现象的本身即无不变的自性，故称自性本空。

有漏因果，可分为善因、善果，恶因、恶果。善因亦名白业，恶因亦名黑业。白业指的是持五戒修十善的善因善业，当得人天果报的善报福报；黑业则是造的十恶五逆之罪，当受畜生、饿鬼、地狱等三途恶道之果报。善因趋向光明面，恶因趋向黑暗面，实是一种自然法则。

光明面是通向人道、天道，人道当然是指我们所生存的这个世界。天道呢？除了六欲天及禅定天，人道中有些人身心特别强健，能力、智慧特别高超，能呼风唤雨，有的夫妇儿女如神仙眷属般享有很大的福报。从某个角度看，这些人就像是天道之神仙。

从反方向看，除了实有三恶道之外，世间有一些人，鬼头鬼脑、鬼心眼，他们就像是鬼道之鬼；此外，人间尚充满了酒鬼、色鬼、赌鬼、贪心鬼等。

此外，动物方面从单细胞的阿米巴原虫到高等动物，也是与人类并存于世。人类中也有一些心地险恶而被称为人面兽心的人；其实动物只是福报差、智慧低，在造作恶业方面，反不如人类之中某些人的阴险凶恶。即如山王老虎、兽王狮子，通常只有在肚子饿或生命受到威胁时才会伤人、吃人；而人类一旦起了恶心，任何伤天害理的事均可做尽，可见有时候人心比兽心还可怕。

至于地狱，有些人在打禅七时，对禅期中所受身心的煎熬，感到痛苦难耐，而谓地狱大概就是这般景况了。实则地狱之苦是人所无法想像的，虽在现实生活中，也有人把惨痛的遭遇形容为人间地狱。例如在医院里，一些病重的病人，身上插满了各种管子，同时吊着好几瓶点滴，不能开口说话，不能自由行动，也没有复原的希望，其身心所受的煎熬，也有点像是身陷地狱了。

造善业善因，得善果的福报；造恶业恶因，得苦果的罪报。纵然是福报，也是有漏果报。所谓有漏及无漏，就像一个完整的杯子，装满水之后，不再漏失，名为无漏；一个有洞有缝的杯子，也可装满水，但会渐渐漏失，直到漏完为止。若以无我之心修福修慧，称为无漏功德；若以追求回馈的有我之心，修行布施持戒等功德，便称为有漏功德。

有漏是指一边造作善因一边享福报，不断地造因得果，生灭不已，称为有漏功德。就像我们在银行开的户头，经常存款，又经常提款，那便是有漏。

凡夫众生只知“有我”。“我”存在于因果交替中，因是对果而说，果是从因而起。果从因起易知，因对果说难懂。

在其他的宗教，认为神是最初的、自由的、永恒不变的存在，神是原始存在的第一因、唯一因，而宇宙万物则是神所创造出来的果。佛教则认为果从因而来，因也是由果而生。就像鸡生蛋、蛋生鸡的问题一样，是循环无端的关系，不是谁先谁后的关系。在我们这个世界，最究竟的问题是永远无从找到开端的。佛教重视“现在”的存在，不推究最初的过去，不空想最后的未来。过去已过去，未来未可知，重要的是“现在”的当下。唯有认真地“活在现在”，才能对自己的过去负责，面对果报，无骄无馁；才能积极地准备将来，到达成佛的境界。

各位到法鼓山来参加禅修营，既是因，又是果，也是因果同时。

首先是果：每个人都有不同的原因，促成你们到了法鼓山的结果。

其次是因：在禅修营期间，每天从早到晚的各项学习和修行活动，则是又在造作另一个人生目标的原因。

再次是因果同时：造了这个因的同时，即是得到认识自我、肯定自我、提升自我、消融自我之结果的过程。可见，凡事都是互相循环互为因果的，所以因果既是前后关系，也是同时发生的现象。

有些人富可敌国，认为其偌大家产，可供其子孙世代享用不尽。这是不可能的，依我们所见所知，能够连续三代富贵者，已属不易，何况是永远地世世代代。古今中外的许多王朝，都要历经起起灭灭之变化，更何况是小小的家族呢！因为世间现象，无非有漏，人间天上，也都是无常。世事瞬息变幻，故当你自己在享受福报时，切记不要作威作福，要知福、惜福，更要培福，如此下去，善因才能不断增加，善果方能继续保持。如能不断地知福、惜福、培福，却不享福，那么总有一天你就能够转有漏因果为无漏因果了。

无论善恶，都是根据所造的因，而受相类的果。佛教徒都知道有“菩萨畏因，众生怕果”的这两句话，那是说，菩萨随时随地注意自己的起心动念，深怕一不小心造了恶因，结果损失了自己的功德，也伤害了众生；凡夫众生愚昧无知，不懂观照自己的言行举止，常常造作恶业罪因，却在感受苦报之时，一味的怨天尤人。菩萨与众生真是智慧与愚痴的对照。菩萨不逃避苦果而知道不造恶因，众生不知杜绝恶因却害怕接受苦果。

一旦造了恶业，只要坦然接受，把该得的罪报受完之后，一样可得解脱。罪报的受报，分为被动和主动的两种。被动的受报，就像欠了人的债，不甘愿偿还，对方却苦苦相逼，这种感觉是受罪、受苦、受难。而主动的受报，则是在别人来逼债之前，自己已主动还清，甚至还得更多些，例如布施，便是一种自发性的行为，是一种修行，心中容易调适，便不会感到痛苦。

前面说到凡夫的因果是有漏的，而圣人的因果则是无漏的，因为圣人造无漏因，便得无漏果。无漏的果分为小乘的和大乘的两种：小乘的又分独觉和声闻，大乘的又分为菩萨和佛。凡夫所修有漏的善业，如通过不断的修行，一再地累积福慧资粮，一切不为自己求安乐，但为众生得离苦，也能转有漏为无漏的。

（二）因缘

有与空，看似对立，实是一体的两面，“有”代表因缘有，“空”则是指的因缘所生的任何现象，其自性毕竟是空。因是主，缘是宾，一个现象的产生，必有其主因，及附属的助缘才成。例如此次禅修营，“我”是主因，我希望提供对社会有贡献的人士有听闻佛法、修学禅法的机会，以发挥其在社会上正面的影响力，促进社会进步与和谐，而来参加的诸位则是缘，没有诸位的参加，这次的禅修营便办不成了。反过来说，目前的社会结构、价值观念、种种现象，变化得太快，亟需有类似禅修营的活动，提供给大众，做心灵的调适；这个需求便成为因，禅修营的提供则成为缘；亦即各位是因，我应大众之需求而给予协助，反成助缘。

因此，我们彼此，互为因果，亦可互为因缘。

一切的现象都无法离开因缘。《阿含经》说，因缘是“此有故彼有，此灭故彼灭”。“有”是指现象的生起，“灭”是指现象的消失。现象的生灭有大有小，有长有短，有种种不同的层次。从宇宙的大环境看，现象的生灭有四个过程：成、住、坏、空，这是属于物质的现象。对人类的肉体而言，则有生、老、病、死，这是属于生理的现象。以我们的念头来说，则有生、住、异、灭，这是属于心理的现象。

宇宙体中任何物质的现象，都不外乎成、住、坏、空四种形态的变化。

当一种物质现象，由于因缘聚合而出现并存在之后，必然会逐渐经历坏的过程而归于空的结果。生理现象及心理现象，亦有相同的情况。此乃所谓的因缘“生”和因缘“灭”。我们这个众生世界的一切，总是离不开因缘生灭的变幻。犹如万花筒，暂时看似有，实际上是假、是空。

我们都知道，每一个人的肉体生命，都会经历生、老、病、死的过程。生理现象存在于环境的物质现象中，所以会产生自身与外境之差别。外境与内境，对我们造成相需相斥的影响，便有所谓内外交煎，而产生种种喜怒哀乐等心理现象。此等现象，使得人的情绪起伏不定，起伏越大，烦恼越多，起伏越小，心越平和，因此我们应努力使心理现象的生、住、异、灭，尽量减少其次数、延长其时段，那便是定。有了定则智慧渐渐产生，烦恼渐渐断除。心念的生灭现象，就像平静的水面，因风吹而波动，然后会产生层层的涟漪；若生灭现象减少，则像水波越来越平静，终至心平如镜、心明如镜，这就达到“空明”的境界了。心理现象，可好也可坏：好的是善心，因之而造善业，是修行；恶的是不善心，因之而造恶业，是堕落。既然都是从因缘而起，便可用意志的努力，向善去恶。

我们是生存在“现在”，是在“空”里。对于度量大的人，我们称之为虚怀若谷，是取山谷空壑之意。然而山谷的空，还不算大，整个宇宙，才是无限宽广，所以称为虚空，能够含容一切万物。如果能够超越宇宙，那就真的体会到绝对的自在、究竟的空了。故言现象的有是含藏于究竟的“空”之中，可见空才是最好、最高的境界，如果能把“空”运用得当，将使你左右逢源，处处便利，时时自由。

佛法所说的自性、法性、佛性，指的就是空性，一切现象本具空的特性，现象变而空性永远不会改变，故说自性不变。由此可知，现象“有”和自性“空”，乃是一体之两面。一般人的常识经验，只看得到“有”，而没能体验空，因为“有”的现象一直在变，无法保持，无从掌握，便使人产生种种矛盾冲突的烦恼。如果能看到“有”，也看到“空”，便能了解万法的真实相，便不会引起烦恼了，那是有了高度智慧的人。但如只看到“空”，没看到“有”，这种人会显得消沉，同样也是烦恼不已，对自己对社会均有负面作用。

我们要了解：“有”是过程，“空”是目的，在达到目的前，不能够离开“有”的过程，必须在过程中，看目的是空而离过程的有；然后要离有也离空，不落空有，即空即有，才是正见。

十三、戒、定、慧三学

做为一个正信的佛教徒，必须知道，戒、定、慧三学，是学佛修行的基础。

（一）戒

从消极面说，戒是“止一切恶”。诸恶不作，恶业恶因便不增加。从凡夫的阶段做起，到了人、小乘圣者的阶段，自然不再造作任何恶因。从积极面说，戒是进而“修一切善”，诸善奉行，不思回馈，但求“利益众生”。小乘的声闻及缘觉（一名独觉），已能做到消极地止一切恶，若能积极地修一切善，度一切众生，便是大乘菩萨的层次了。

（二）定

大乘菩萨的定，是心念不受外在的环境和内在的心境所动，即谓之定。“外境”经常会为众生（人）带来诱惑、打击、刺激、情绪失控等种种烦恼，心随外境变化而生起忧、欣、悲、喜、贪嗔、怨怒、嫉妒等的感受和反应。受到环境牵动，便是乱心不是定心。故要用种种禅修方法，帮助自己稳定内心，使之不受外境的干扰。

内在的“心境”，是指对于自己过去的回忆，以及目前心里浮现出来的种种妄想和杂念。比如有人正在此地打坐用功，突然想到公司里有事未解决，怕公司的职员处理得不好，犹豫着要不要起身打电话回公司查询。这究竟是属于内境抑或外境呢？这件事并不存在于眼前，只是自己的心念在困扰着自己，心理的作用扰乱了心境，所以是属于内境。

也可以说，凡是回忆、推想、忧虑之类的心理活动，都是属于内在的心境。

一般人经常是处于身心分离、妄念纷纭的状态，如能做到身心统一，内心的不安及身体的负担，便会消失。倘若能把内外境界统一，便会形成内也是我，外也是我，内在的心境与外在的环境合而为一，便没有“我”的感觉了。实则仍有我的存在，只因心念统一，成为一个统一了的我的存在。此时已不以个人的身心为我，而是以全宇宙为我了。

如果仅是方法用得顺利，正念相继，并不等于念念统一。例如在数息时，数得很顺，别无杂念，至少尚有三个念头，在不断地交互进行：1. 我在数呼吸，2. 呼吸，3. 数目。因此，正在做数息的工夫，并不就是念念统一。

念念统一是只有止于一个念头，不断地进行下去，如在数息中，数到只有“我……”，或只有“呼吸”，或只有“……”的一念，这才是前念与后念，念念统一了，是真正的入定。

内心与外境的统一、身与心的统一，都是属于刚刚要入定前之浅定，两者的层次大致是相等的。前念与后念的念念统一，则是深定。念念统一的境界是很难达到的，但至少希望做到身心统一和内外统一，便能够摒除妄念纷飞，收摄散乱的心，不为环境所牵，不被情绪所动，就能享受到稳定的自我，是多么的可贵了。

禅宗的定，则别有胜义，那是“即定即慧”。定的本身就是智慧，不是一般人所认为的从定生慧。禅宗的大师们，静态动态，皆不离定；因为人的身、口、意三业的彼此关系，如鼎三足，缺一不可。三业一贯相应即是定；虽在定中，依旧生活起居，依然待人接物，即是智慧的功能。唯有如此，才可能达到真正的禅宗的定境。

（二）慧

我们都知道，佛是智慧和慈悲的圆满者。智慧便是为断除烦恼，慈悲则是广度众生。一个凡夫，做了善业如未得回馈，心中便会生起烦恼，这便是未有真正的慈悲，也没有无漏的智慧。倘若你能做了善事，未思善报，甚至有人对你恩将仇报，你也不起烦恼，那你已和“无我”的智慧相应。

具有无我的智慧，才会有平等的慈悲，才能真正地断除烦恼，才能真正地广度众生。有很多人认为佛教徒讲的慈悲，就是一味地受辱退让，无原则地逆来顺受，无条件地施舍他人，这是对佛教的误解，也是一种没有智慧的见解。佛教徒应当要识己、识人、识进退，便是智慧，也是慈悲；没有智慧做指导的慈悲，那就不是真慈悲。

一个从事各项工作的佛教徒，只要是合情、合理、合法，借由正业、正命，赚取正当的利润，而得以造福人群；或借由正修、正语，而得以利益社会者，便应该当仁不让，那才是菩萨道的实践者，所以，佛教徒是积极进取的！就智慧而言，小乘行者只做到断除自己的烦恼，尚做不到有教无类地广度众生。大乘菩萨则在修行成佛的过程中，时时都要做到自利利他，自觉觉人。

十四、身、口、意三仪

个人的威仪，当包括身仪、口仪、心仪的三大项目。初机学佛修行的人，如果离开了这身、口、心的三仪，便无着力点了。

我们在欧美社会随时可以看到互不相识的人，在街上见了面，彼此点头举手打招呼。在东方的日本，更是公认最有礼貌的民族。即使是工商业较落后之南传佛教国家如泰国等国的国民，也都很有礼貌，见了人以合掌为礼，与长辈说话时也一定先合掌，乃至合着掌说话。

举凡吃饭、说话、走路、上下车、坐座位、进出门、合拍照等日常生活琐事，无不各有其礼仪。希望我们的诸位菩萨，能以身作则，从自己和自己的家人开始做起，在我们处身的社会环境，推行全民的礼貌运动。

佛经里有个故事，说有两个牛主人，各自赶着一条拉着车的牛上坡，其中一条牛原是奋力拉着车，使劲地往坡上爬，走在另一辆之前，但这条牛的主人却沿路不断地斥喝着："懒牛！死牛！快点走！"并不时用牛鞭抽打，结果这条牛越爬越懊恼，越走越不带劲，结果索性停下不走了。另外本来落后的一条牛的主人，则不断地对他的牛说着鼓励的话："你是乖牛，大力牛，你一定会走得更快的，我也帮你推着车走。"这条牛感受到主人把它当人看，并且如此地疼爱它，结果发挥了潜力，迅速地赶上前去，爬上了坡顶。

连动物都是需要用礼貌的话来鼓励，更何况是人呢！故对于你家调皮叛逆的孩子，即使是内心很想生气，还是要以尊重的态度以及柔软关怀的用语，好好地劝勉，让孩子充分感受到父母对他们的爱心时，可能就会变好。孩子们是会有样学样的，会以其身受的方式去对待别人的。

有些人，为了利害关系或需要，在人前显得毕恭毕敬，很有礼貌，然而一转身，便可能破口大骂三字经，恶毒语、粗俗语，全都出口了，这不是真正懂得礼仪的人。古人有训："君子交绝，不出恶声。"礼仪必须内外一致，从心里扎根。

学佛的人应时刻记住：凡人凡物都可能是佛及菩萨的化身、化现。因此要用诚恳虔敬的心，去对待一切的人与物。

十五、人成即佛成

人的内容是什么？从本能的角度看，是饮食男女，是七情（喜、怒、哀、惧、爱、恶、欲）、是六欲（眼、耳、鼻、舌、身、意，佛教则为色欲、形貌欲、威仪欲、言语欲、细滑欲、人相欲）；从人格的角度看，是理智、感情、责任、义务。七情六欲消而美满人格成，人成方有佛成。

一般人只知为自己争取权利，而要求他人尽责任、尽义务。但是，一个健全的人格，在谈权利之前，必须先以责任和义务为基础。

从责任及义务看，我们生在世间，各自都会扮演着或多或少不同的角色。具有某种身份即是某种角色，便要切切实实地把那个角色该做的事，好好地做好。

每一个人在同一个时空里，往往具有多重的身份，要把每一个身份的角色都扮演得恰到好处，实在很不容易，但也必须尽心尽力。一个在家人，不妨先从自己在家里的角色开始做好，再慢慢扩及工作场所，以及所属团体的角色，好好地尽到自己应尽的责任义务。

在实际的生活中，你可能会感觉到你是很受委屈的，因为你是如此地尽心尽力，别人却可能敷衍塞责！如果你能摒除这样的计较心，即可不受外境的影响，只管做好自己该做的，久而久之，别人也会受你影响，因此便可以由点而线，由线而面地互相影响，终究即有形成社会全面好风气的希望了。

学佛的最终目的是成佛，要想成佛，必须先要修行菩萨道。修行菩萨道的动机和目的，虽是为了成佛，他的着力点，乃是在成就众生，在成就众生的修行过程中，也就成长了自己的智慧及慈悲。换句话说，为了利益众生而努力充实自己，水涨船高，在利益他人的同时也成长了自己。但到最后，必须完全放下自我利益的心念，才是真正的菩萨行者，才能成就无漏的无上功德。

我们常说的度众生，是度诸佛心中的众生；所谓成佛，是成众生心中的诸佛。其实佛心与众生心，原是同样的心。之所以有佛与众生之区别，是因佛的心已是清净的，佛的慈悲及智慧也是圆满的；众生的心则是杂染的，众生的智慧与慈悲，已被烦恼遮没了；众生纵然也有一点智慧与慈悲，却是残缺不全有漏有染的。一旦转烦恼为智慧，舍自我成慈悲，则众生心的当下就是佛心了。

众生的种类繁多，其中唯有人类有明辨是非的认识心，所以可善、可恶，也能为善去恶；只有人类有听闻正法学佛成佛的善根，所以世尊来到娑婆世界，示现由人成佛的事实。因此世尊告诉我们："人身难得，佛法难闻。"今天我们何其有幸，生而为人，又得闻佛法，修学佛道，怎么还不好好地把握住这个难得的大好因缘呢？

Chapter 3

自我肯定、自我提升、自我消融

时间是过去、现在、未来，无止尽的延续，因此一定要肯定自我存在的价值，要时时把握现在，处处活在当下，尽量避免造罪，努力种植善因，如能得到好的助缘，自然能得好的成果，否则将来的命运，即可能身陷罪恶，无法自拔，就要负担起后果堪虞的责任了。

佛教讲“空”、“无相”、“无我”。空的道理，前面已经解释。无相是一切现象的本身，即是本无自性的空。无我是因一切的现象，无论身心世界，均非永恒，妄想执著，为我及我所有，无我是从发现了妄想执著的假我而来，要从妄想的“我执”转为“无我”的智慧，便是学佛的目的。可是一般人连自己的“我”是什么都不清楚，又如何能“无我”呢？就好像一个人从未见过钱，对于有钱没钱，有什么不同，自然无法分辨。因此，一定先要认明了自我，肯定了自我的存在，才能再谈无我。

一般接触佛教不深的人，都是跳过“自我”来谈“无我”，那是不切实际的，也把佛法误解了，便误以为佛教是否定现实的。殊不知，一个尚不了解现实为何的人，又如何否定现实呢？必须先落实到现实，肯定了现实，更进一步超越现实，才是佛教的本意。

佛教徒中的许多人，不明白无我是要从有我起步的，故不知需要经过自我肯定及自我提升的成长阶段，一开始就要求自己也要求别人无我无相，因此而导致一般人误会佛教徒是消极厌世、逃避现实之辈。

晚近中国的大乘佛教，具有中国文化好简、好略的性格，结果简而不实，略而不详，人人都想一步登天，顿悟成佛，而没有做扎实的基础工作。这种偏差的思想观念，弥漫于晚近的中国佛教界，以致知识分子的士大夫阶层，普遍地轻视佛教，讨厌佛教。

现在先请诸位菩萨做到自我的肯定，如何肯定自我？要从现在的立足点开始。

自我肯定，必须从因果的事实和因缘的现象来认识自我是什么？这是一种自我价值的肯定，如果否定这种价值，将会觉得人生只是一场无聊又无奈的恶梦。因此，有许多人，在遇到无法跨越的障碍、无能力解决的困难、无从挽回的挫折时，便会慨叹他们自己，为何要生存在这个世界上！担惊冒险，受苦受难，忙忙碌碌，到底为的是谁！

其实，佛法告诉我们，不论从有漏的因果看，或从无漏的因果看，人的生存与生活，都是为了自己辛苦，为了自己忙碌。总归一句话，人生的意义，是对过去的所作所为负责，是为将来的似锦前程努力。俗语说："种瓜得瓜，种豆得豆。"事实上我们都知道，有瓜有豆，必定由于种瓜种豆；同时也必须明白，种瓜未必得瓜，种豆也未必得豆；但若不种，则肯定是什么都得不到的。

时间是过去、现在、未来，无止尽的延续，因此一定要肯定自我存在的价值，要时时把握现在，处处活在当下，尽量避免造罪，努力种植善因，如能得到好的助缘，自然能得好的成果，否则将来的命运，即可能身陷罪恶，无法自拔，就要负担起后果堪虞的责任了。

佛法于唐朝时期传至日本后，他们一直加以实用，用佛法来强国家、强民族、强文化，其后的武士道、茶道、花道、剑道等，都是从禅佛教的精神衍生而来。而中国的禅宗却偏落向两个现象：不是仅止于口头禅的空谈，便是在山野的丛林修行。此与日本比较，大异其趣，这些都是直接、间接导致我国佛教近几百年来衰微没落的原因。

我曾说过这样的三句话：“你家有事，他家有事，我家没事。”正因为“我家”没事，所以我能为他人随缘行事，随时结缘，所有的事都不是为“我”而做，乃应他人的需求而做。重要的是这个“我”，也不认为自己做了什么好事，否则仍是有个“我”的存在而落入我执。换句话说，不是主动去帮他人的忙，也不是被动去帮他人的忙，只是因缘促成，做了帮助他人的事。所以说：“你家有事，他家有事，我家没事。”这在禅宗来说，悟后的大德，便是一位忙碌非常的“无事人”。

人们经常会用“万事如意”，来为他人祝福，也为自己祈愿，但是真的能够万事如意吗？追求如意的时候，往往已在不如意中；追求如意的过程和结果，往往又是使得自己增加痛苦的经验。相反地，如以无所求心，来尽其在我地全心努力，则当遇到困难挫折之时，便能不受成败的影响，而能不以为苦。

认真生活的本身，就是在重重困难中展现生机的过程，不断地努力，也会不断地遇上挫折及困难。即使是为有益于社会大众而付出自己的努力，一样是要面对艰难辛苦及阻碍打击的事实。

困难不顺利的情况，既然已是自己的意料中事，岂不就是万事如意呢？人生就是要在如此的情况中，肯定自我及提升自我。

消融自我或“自我消融”，也是要从这种“万事如意”的心态开始。

以凡夫的立场而言，若想要达到自我消融的目的，必须要学习佛的心量，至少要做到如下的三点：1. 包容心，以广大无边的心量，包容一切众生；2. 关怀心，以平等的慈悲，关怀一切众生；3. 无相心，以无私的智慧，消融自我。包容是静态地不拒绝任何一个众生，就是在自我的心中包容一切众生。关怀是动态地不舍弃任何一个众生，就是经常主动去照顾一切众生。无相是超越了能度的自我及被度的众生，而在包容众生、关怀众生，那是慈悲与智慧的总和，广度众生而不以为有众生已度、正度、当度，这便是学佛的目的，消融自我。

自我消融，要靠无我无相的智慧来完成，但在一般人的日常生活中，也可以随时练习。现代人的社会中，充满了父子、母女、师生等人与人间的相嫉相妒、相争相抗的情形，上对下不慈悯，下对上不尊敬，或是为了一丁半点的利害关系，就会弄得兄弟阋墙、骨肉反目、伦常颠倒。刚才谈到要把消融自我的第一点，就是要能有包容心，即使一时间做不到怨亲平等地包容一切众生，至少应该做到包容自己的亲友。

就关怀来说，关怀他人，似乎只是单向的付出，实则付出之后，必有回收：一者能够使得被你关怀的人对你产生信赖；二者对你本身而言，付出就是一大欢喜。故对他人多一分关怀，就能多得一分来自他人的安全感及安慰感，在无形之中，增长了自己的福德智慧，在成佛之道上，又前进了一程。

诸位居士们，在家庭生活中，就夫妻而言，要相互包容彼此的缺点和不同的意见。包容他人的缺点，能够发现他人的优点；尊重他人的意见，能够促成彼此的和谐。这也是提升自我及消融自我的方法之一。

首先必须承认自己不是一个十全十美的人，不论在性格上、心理上、言行上，都有很多的缺点，也用这样的想法看待他人，便可谅解他人有缺点也是正常事，岂容自己一味地挑剔他人。当他人的意见与自己的不一致时，切记要将心比心，若能换个立场为他人想想，往往角色转换后，便能够接纳对方了。彼此都能以包容心及关怀心相互对待，即有助于彼此间的相互接纳，共同成长。可见，彻底的消融自我虽不容易，但也不妨在日常生活中培养包容心、关怀心、无私心。

总而言之，做为一个人，必须先要认识自己、肯定自己，唯有能够自我肯定的人，才有自信心来努力提升自我。

对一个学佛的人来说，最终目的乃是成佛，如果能够透过无限的包容与平等的关怀，来广结善缘，普济众生，将来一定能够消融自我，成就佛道。

Chapter 4

结营前的综合讨论

一定要把禅修营的所学所得，带回去落实在生活、工作、人际关系以及学习上，做到师父说的“把佛法与生命结合”。

一、各组心得

第一组报告：从此勿走冤枉路

我们这组的成员中，有曾是二十多年虔诚的基督徒，在某种因缘下，受师父感召学佛。有患失眠症的、烟瘾的、脾气暴躁的，也有已有二三十年宗教经验，四处寻访明师的，更有人有气动及神通等种种经验的。可谓各路豪杰，齐聚一堂。

不论各人的背景如何，三天下来，大家一致的心得是对师父的风范及人格修养，至诚感佩。虽然是初学，大家对于佛法及禅修，却都已有较深的体会。

甚至连果晖法师跟师父出家十年了，也表示这几天从师父的某些开示中，得到新启示，重新做不同方式的实践后，有了另一番的体会。

有位师兄报告他曾经迂迴走过许多冤枉路，才到了这里，赞叹我们其他人能一开始便跟随师父学习，真有福报！

我们认为师父不只是位禅师，还是位人师。他的风范、他的道德修养，让人有如沐春风的感受，所以他所传授的佛法，才能有如此强大的说服力。

比如打坐用的数息法，如非师父这样的高僧所教，大家可能对这么简单的方法不易信服，反而可能好高骛远，走旁门左道，胡参瞎练走入歧途，浪费时间，无助修行。

佛法浩瀚深远，有些人从跟佛法有关的书籍中所吸收到的知识、常识，感觉佛法似乎跟很多日常的价值观是不相容的，因而感到迷惑，而在修行的路上徬徨。这三天中，师父把佛教的积极性，与生活融合的观念，通过简单易懂的说法，灌输给我们，当可解除在佛法外徘徊的师兄师姊们的疑惑了。

第二组报告：死而复苏救了人

基督教有一句话说，一粒种子摆在那里还是一粒种子，一粒种子如果撒在土里，则会发芽，生长成树。在禅修营这三天中，有的人有一种死而复苏的感受。有些人来此之前，有人告诉他们，去禅修回来之后，头上便会有光圈、光环，导致他们很紧张，觉得压力很大。

归纳这几天所学，大致是属于思想、观念方面的较多。但回去之后似乎应该把这内在的，转换成外在的行为，表达出来。因此有人说，脸应常带微笑，说话要像师父一样柔软，对人应更亲切些，凡事不要尽往不如意处想。

有位师兄对孩子的教育一向是不讲道理的，他跟他的孩子都像是跆拳道的黑带级，每次都是两个人比赛，谁赢就听谁的。他说这次回去之后，要改变对孩子的教育方式。看来师父又救了一个人，救了一个家庭了。

另一位师兄说他经常在办公室，遇到看不顺眼的人和事，就破口大骂。听了师父的开示后，明白确实凡事都应从不同的角度来看，应有包容心及关怀心，要懂得自我反省。

我们都了解这无限的包容与平等的关怀是涵盖对一切的人、事与物，且要不断地提醒自己，不断地学习，似乎不光是面带笑容、柔软亲切就算数了。

师父再三强调要把握现在，活在当下，“此刻”是最重要的。有人说他对部属一向很亲切，凡事尊重他们的意见，舍弃自己的成见，但他们反而认为他太民主了。现在学到师父所说的“活在当下”，今后“当下”必要的话，他会坚持自己的意见。

有位师兄说了一个“凡事尽量往好的方向想”的故事。他说有一个寺庙的大施主，每次到寺庙去都受到很好的礼遇，有一次去了之后，方丈一会叫徒弟切水果，一会倒茶水地来招待他，这个徒弟都很勤快地去做。

后来方丈有事外出，叫徒弟陪这位施主吃饭。这个施主心里便不大受用，觉得自己这么重要，方丈不陪倒叫个徒弟陪。于是他问这个徒弟：“为什么方丈要你切水果便去切水果?”这徒弟答：“很好啊！师父还没叫我去种水果呢！”“为什么叫你倒水就倒水呢?”徒弟又答：“很好哪！还没有叫我去烧水呢！”这个故事告诉我们：凡事往好处想，心里便会舒坦得多，日子也会好过些。

还有位师兄认为这几天师父的开示，等于是送了我们一面镜子，供我们随时随地检查自己。

第三组报告：自己有福学修行

我们这组一致的感想是觉得自己很有福报，能参加此次禅修营。师父的德学、口才太好，不想相信他都难，所以不能不学到很多内容。此外，负责辅道的法师们、护持的义工们，诚恳无私地付出，实在是我们最好的身教榜样。

禅修真的像是揽镜自照，非常有意思。有人两年前在农禅寺学禅坐时，就有这种感觉。当自己完全沉静下来，把杂念、妄念去除后，做任何事都可以很专注。

师父举例子说，野兽只有在肚子饿的时候才吃人，吃饱了即使人站在它旁边，只要人不惹它，它并不一定会伤人。而看看我们人类，为了满足口腹之欲，什么东西都可吃下肚去；为了私利，不惜严重污染破坏河川、土壤、海域和空气。有人从事环保工作，曾亲眼目睹一只活生生的海龟，因喝了受污染的海水而当场毙命，很多时候人心比野兽还可怕。

我们这组有一致的愿望，就是一定要把禅修营的所学所得，带回去落实在生活、工作、人际关系以及学习上，做到师父说的“把佛法与生命结合”。

第四组报告：因病给药好医生

一进法鼓山就看到法鼓山的理念标语：“提升人的品质，建设人间净土。”这三天来，一直在思考这两句话的意义，终于体会到我们得以参加此次禅修营，除了个人的福报外，师父要提升人的品质的愿力才是主因，至于建设人间净土，似乎今后我们的责任比师父还重。

在禅修营里，师父融合佛学、心理学、社会学、哲学、医学，将我们的生活及生命等切身的问题提出，并以简单易懂的方式，教我们如何自我反省、自我观照，凡事往好处想，以及以平等心待人对事，各种困难问题，将会自然地迎刃而解。师父就像一位医生，针对不同的病人开给了不同的药方，很多师兄师姊们表示，服了师父的方子，已经觉得自己的病症减轻很多了。

第五组报告：悲智兼顾利益人

此次参加禅修营的成员，大多数是负担重任、身居要职、有高成就的企业老板或高级主管。但三天下来，我们都体悟到自己跟别人一样，只是一介凡夫，没有什么地方比别人强。无形中，贡高我慢、自视自负的心减了不少。

我们真的不能因自己比较有学问或有钱而自觉高人一等。比如说，清洁队员或清洁工友，做的是清除垃圾、扫厕所等的杂事，我们不愿做也不敢做，即使做了也没他们做得好，就此事而言，我们便不如他们。这是一个分工的社会，人与人之间只有分职、分工的区别，没有我高你低的分别，我想这就是师父所开示的："以平等心来待人接物"的精神。

有人因长期工作繁忙、睡眠不足，脾气暴躁易怒，部属们经常对他敬而远之，慢慢地，他自己也发现了那张生气的脸，真是难看。于是就在他的办公桌上，摆了一面镜子，当要动怒时便照照镜子，久而久之，情绪不会那么容易波动了，甚至遇到状况，反而能够镇定地安抚部属；情境一改变，任务反而容易完成。因此，这几天的禅修训练，他对于“定”的体悟相当深刻，他确信自己往后更能够不慌不忙、从从容容地去面对所遭遇的一切，用智慧去解决各种难题。

有人说，对于“回向”，可借用胡适先生的一句话“做人要预留利息在人间”来表达，鼓励大家多做善事，虽然自己不一定能得到回馈，说不定我们正为自己的子孙种了福田。

中国人常是羞于把内心的感受表达出来，如果能不吝于赞叹别人，必可缩短人与人之间的距离，增进人与人之间的感情。正如师父说的，我们每个人都有责任，从自己做起，去带动整个社会的风气。

有人提到他曾花很多钱去助人，结果反而伤了自己。这是没有把慈悲和智慧配合起来运用的缘故，唯有运用了智慧，才不会落入滥慈悲；而在发挥智慧的同时，又必须有慈悲心做基础来利益他人，这样才是正确的佛法。这真是我们要好好学习的课题。

第六组报告：把智障儿当菩萨

我们这组有一位师兄是牙医，以前他也很怕自己会生养到智障的子女，但自从他成为一个智障学校的义务校医后，才发现智障的孩子，其实也有非常纯真和乖巧的一面。师父前天开示要把智障儿当菩萨看待的自动还债观念，他觉得在他的工作中得到了印证。

另有位师兄因事业投资关系，经常前往大陆，发现正如师父所说，大陆的人更缺乏身仪、口仪和心仪，比台湾的人更没有礼仪。他发心要把在法鼓山所学到的禅心、佛心带到大陆去弘扬。

我们每个人都有太多的烦恼，断烦恼便成了一项最重要的课题。如能做到不要太重视自我，不要太主观，以空无的观念去对应烦恼的现象，并把心胸打开，无限地包容、平等地关怀一切人，相信将如师父所说，我们会体验到“烦恼就是智慧的泉源”。

第七组报告：行住坐卧皆是禅

我们这组的成员，来此之前，跟社会上大部分的人一样，对佛教不了解，经过这三天的学习，对佛教有了比较深刻和正确的认识，回去之后，将尽可能把正确的讯息，传播给我们的社会。

经过三天的禅修熏陶，有些粗略的心得，与大家分享：

1. 打坐在心理上有助于培养定力、专注目标和掌握自己。

2. 长期持久地打坐，可锻炼出健康的体魄，来应付繁忙的工作和生活。

3. 在工作上应建立一明确的观念，即是“有部属才会有主管”。有了这样的心态，就较懂得尊重人，对于和部属相处及领导有很大的帮助。

4. 我们都知道行、住、坐、卧皆是禅，这三天中学到的经验是，当快步经行时，不但要动，且动得俐落；慢步经行时，不仅要慢，且慢如蜗牛。人生正是如此，顺境来时有如快步经行，痛快无比。逆境到时，却仿如蜗牛爬行，漫漫长路无止尽。但无论顺逆都不要忘了要如师父所说的："脚踏实地，步步为营。"

二、圣严法师结语

安全的方法与正确的观念

从第一届社会精英禅修营开始，就有关于禅修营名称及饮食方面之建议，但是我们一直没有改变，是有原因的。

每一届禅修营报名的人数都很多，限于法鼓山的人力及场地等因素，只能录取三四十位。各位均是从众多报名的人当中遴选出来的，确实是带动社会发展及进步的精英。

有人提到这几天被照顾得太周到，希望也有动动手的机会。其实过去三届都曾有象征性地请学员菩萨们扫地、抹桌椅、擦玻璃窗等简单的事，可是发现大家似乎不会做，做得并不好。譬如说，玻璃窗越擦越模糊；而且因为要工作，没有休息，结果一上课就打瞌睡。所以这一届就取消工作，让各位菩萨在这三天中接受完全的服务、招待，以便好好地学习。

三天下来，已有人发心要做义工了，这是被人服务后，惭愧心出现，自负心减少之故。今后不管你们是到法鼓山的农禅寺或到其他什么地方做义工，这个禅修营的举办，已算是成功了。

有一位菩萨建议，在禅修营举办前，先在媒体上做广告，让更多的人知道以便来参加。这可千万使不得，我们并不反对媒体报道，但不能做广告。

我是秉持将自己所懂的佛法，来会通世间法，以生活化的方式，传授给大众。我个人特别强调，要以“安全的方法”和“正确的观念”并重，方法是佛法的实践，观念是佛法的方针。用佛法的实践和方针指导世间的平安与净化，是我多年努力的一点心得。

有人询及社会精英禅修营结束之后的后续修行问题。各位如有兴趣，以后可以参加禅七的修行。将来法鼓山建设好了，会一个梯次一个梯次、一个层次一个层次地定期举办。在法鼓山未建设好之前，农禅寺也有定期的禅修活动。农禅寺的环境没有法鼓山这回禅修营的理想，各位如欲体验苦修的滋味，欢迎到农禅寺来。

本文由苏丽美居士从录音带整理成文，再经圣严法师逐字逐句三番删修，定稿于1994年11月25日

Chapter 5
禅修的功能

菩萨的意思，便是用无我的智慧及平等的慈悲，来自利利人。如何自利？是使自己少一些烦恼，多一些智慧。如何利人？让自己多一些慈悲的心肠，让别人少一些苦难的困扰。

一、菩萨的意义

诸位菩萨，我谨代表本禅寺欢迎诸位来参加我们的华人社会精英禅修营。

今天课程的重点有两个：第一是禅坐的方法和概念，第二是禅坐的精神和功能。我们会让诸位学会打坐的基本方法，也能获得正确的禅修观念。至于禅坐的精神及功能，有三个层次：一是自我肯定；二是自我提升，又叫作自我的成长；三是自我的消融，完成自我的消融，就是大彻大悟的人了。

我称诸位是“菩萨”，诸位一定很不习惯，因为一般人印象中的菩萨，是供在佛龛里的偶像，诸位怎么可能是菩萨呢？其实菩萨的意思是对自己用智慧化解烦恼，对他人用慈悲救济苦难。有智慧使心中不起烦恼，有慈悲使心中没有敌人。能够做到这两点，就是菩萨。诸位相信自己还不是菩萨，可是来参加禅修营的目的，就是为了学习菩萨精神，培养智慧和慈悲。如何才有智慧？能够肯定自我，成长自我之后，就能消融自我，能够消融多少自我，就有多少智慧的功能。如何能有慈悲？能够消融自我，自然能够包容他人关怀他人，能够包容他人关怀他人，就是慈悲的表现。

菩萨的意思，便是用无我的智慧及平等的慈悲，来自利利人。如何自利？是使自己少一些烦恼，多一些智慧。如何利人？让自己多一些慈悲的心肠，让别人少一些苦难的困扰。

二、身心的放松

今天课程的第一个项目，是教诸位学打坐。打坐的基本要领，是先放松身心，才能放下身心。现代人，尤其是生活在美国纽约的人，都是非常紧张的，上班赶时间紧张，在公司办公室紧张，下班开车紧张，回到家里和先生、太太孩子在一起时，也有可能紧张。假日出去玩乐时也很紧张，赶紧出去，赶紧回来。最近报纸上有一则台湾的消息，说有四五个人在一家卡拉 OK 里又唱又喝又吃，很兴奋地玩乐之后，下了楼出电梯时，紧紧张张地争先恐后，正巧遇上从外面进来了四五个人，也是紧紧张张地要进电梯，两队人马，便在电梯门口发生了冲突，结果新来的一伙人，忿怒地开枪，把另一伙准备离开的人，打死了几个，打伤了几个。如果他们在我们东初禅寺或者在农禅寺打完坐，走出寺门，一定很轻松，即使有人紧紧张张地冲进来，打坐之后出来的人遇到他们，一定会轻轻松松地说："阿弥陀佛，对不起，你先请。"

我们想在紧张的环境内求生存，就需要放松身心。然而，许多人希望放松自己的身心，却没有门径。告诉诸位，学习打坐，就能够让我们练习如何放松身心。

三、打坐的功能

打坐的功能有三项：第一是达到身心平衡，第二是达到精神稳定，第三是达到智慧心及慈悲心的开发。

身心平衡：就是身体平衡和心理平衡，这就是身心健康。如果一个人的身体强壮像水牛，心理脆弱像老鼠，就不能说健康。

精神稳定：精神的涵义比较难理解，那不是心理，也不是生理，但是跟身心有关，它会产生无形的功能，会从有形的行为表现出来。

智慧及慈悲的开发是什么？如果有了身心统一，以及自己和宇宙统一的经验，精神就能统一。如果把精神和身心的执著超越了，就有智慧力及慈悲心开发出来。这里说的智慧不是知识，也不是学问，而是绝对的决断力。

四、打坐的反应

打坐时可能产生的反应现象有四类：

第一类现象是痛、麻、酸、痒，其中除了心痛和头痛是有病以外，其他如腿痛、腰痛、肚子痛都是正常现象；麻的情况通常都在腿部，并没有危险。有两种麻法：一种是站起来时，觉得两条腿不是自己的，甩甩腿，慢慢地走几步就好了；另一种是麻痹，腿上有一块皮肤捏着时好像不是自己的，不要紧张，过一段时间自然会好。酸的情况，通常是在腰部或者是在关节，起坐以后，用手按摩几下就会好。我们打坐时为什么要用大毛巾盖住两腿？就是为了避免风寒，以免酸痛发生。痒有两种情况：一种是皮肤痒，这是体内有一种浊气或油垢，经过皮肤毛孔排出时，会感觉痒；另一种是骨头痒，这是经络的气脉不顺，才会发生。打坐时调整气脉的运行，就产生了痒的感觉，最好不去管它。

第二类现象是暖与热、凉与寒。发热发寒是生病了，不能打坐，要看医生诊治。清凉感和温暖感就很好。

第三类现象是气动。在打坐时出现动的现象，分为两种：一是气动，一是灵动。气动又分为两种：一种是不规则的动，一种是规则的动。

不规则的动，每次打坐时就会出现，但是动的部位，动的方式不固定，有时手抖，有时腿跳，有时头摇。规则的动是每次打坐都在固定的一个部位，发生动的现象。

动的时候会有大动和小动的不同。我有一个弟子，可谓本领大得很，有一次打坐时因为有人大声咳嗽，结果使他“砰”地一下跳起来，翻个筋斗，再坐下来。人家受到惊吓，他还在那里坐得好好的。过了几年以后，到现在已平静了。另外有一位女医生，现住在美国，她学打坐已经十来年了，开始时全身的气动很厉害，到现在，动的现象已越来越少。还有一位住在我们附近的女画家，她的气动不仅在打坐时，即使在做家事时，只要多用一点力一接触家具，马上会有反弹的现象，当她知道排气的方法后，现在已经正常了。

打坐时发生气动的人，如果你学会排气，可以从脚底心、肛门或者从喉咙呃气排出。不管气动发生在身体的哪一部位，你的注意力不要放在鼻孔或小腹的出入息，要放在脚底心的涌泉穴，注意一段时间之后，气动的现象就会消失。有人因为动得厉害，不能继续打坐，就暂时不打坐。

第四类现象是灵动。发生灵动的人，大致上是有点神经质，有点歇斯底里的；期待心很强的人，也容易发生灵动的现象。灵是什么？是一种漂浮在我们生活空间的灵体、灵力，在我们环境里处处都可能有。神经质、期待心与恐惧感很强的人，这些灵体就容易有机会乘虚而入，来的时候，会自然而然使你身体出现某些动作，譬如会做出各种手印，有规律地重复和变化，常常于一个手印反复三次、七次、十四次、二十一次，最多有七七四十九次，之后再变换另一种手印，很有规律。但这不是你的自我意识在控制，而是灵体的力量在操作你身体的动作。

由灵动也可以产生灵感，这不是写文章的灵感，而是一种灵力的感应，能让你听到看到平常人不容易听到和看到的。这种灵力感应，可能是真的，也可能是假的。所谓真的，即是本来你不可能听到的，而你听到了，譬如你在这里打坐时，却听到在曼哈顿的先生或者太太讲了一句什么话，你立刻打电话去问，他（她）回答说："是啊！我刚才讲过这句话，你怎么知道的?"你会奇怪，你在皇后区的东初禅寺打坐时，产生了特异功能。请不要高兴，那根本不是特异功能，而只是由一种灵力的媒介，给你传递了消息。

灵动在初期发觉后，是容易控制的，只要心里想着说："这是灵体在使我动，不是我自己在动，我不要让灵力支配我，我要指挥身体不要跟着灵动。”就能渐渐地摆脱灵动了。十多年前，曾有一位居士在我们东初禅寺打坐，坐着坐着，却站起来打太极拳了。我问他：“你打过太极拳吗?”他说：“没有。”我再问他：“跟谁学过太极拳吗?”他仍说：“没有。”我说：“这一招姿势不是这样的。”并且帮他纠正过来，他又恢复成那个错误的姿势，并对我说：“师父你教我的姿势是错的，我的姿势是对的。”我问他：“谁告诉你的?”他说：“我听到一个声音在告诉我：刚才法师教你的姿势是错的。”这已是灵动及灵感双重表现了。我劝告他：“如果你继续接受这种来自灵力的命令，就会成为灵媒了!”后来这位居士在出现灵动，做出打拳的动作时，出现灵感，听到灵体的声音，他就暗示他自己：“我不跟着做动作，也不想听他的指示。”不久之后，这种现象就不再出现了。

打坐会有身心反应，是平常事，无所谓好坏，当成幻觉处理是最安全的。

有一位太太，在我们禅七中，连坐了两炷香的时间都没有起座，我走过去从她背后用香板轻拍她的肩膀，隔了几秒钟，她缓缓地转过头来问：“师父，你为什么把我叫出来?”接着我约她个别谈话，问她发生了什么事。她说，她刚才是到极乐世界去了。她首先是看到她座位前面的墙壁上，出现一幅图画似的景色，接着便投进了那个境界，一直到我拍她肩膀时，就回来了。对于一般信徒而言，这的确是能让人生起信心的好现象，但在禅修者而言，这是幻境。也有人看到墙壁上的花纹变成老虎、狮子等，由静态的变成动态的，这些都是幻觉。在打坐时，凡是耳听、眼看、鼻闻到的异象，全是幻境。

有的人不在打坐时，也会闻到某种香味。曾有一位居士告诉我，有一天她在一座大楼底下闻到一股檀香味，觉得好喜欢，于是跟着香味寻找，寻到楼上一户人家，敲开门，屋里供着一尊像，檀香味就是从那尊像上散发出来的。

幻境、幻觉有可能是真的，多半是假的。假的是只有你一个人看到、听到、闻到，周围的其他人没有感觉到。真的是当你发现时，其他的人也可发现的感官境界。比如你正在我们寺内打坐时，看到自己的孩子摔了一跤，打个电话去问你太太，真的是孩子摔了一跤。这虽是真的，依然要当幻觉处理，否则你就有很多麻烦了。所谓走火入魔，便是这样形成的。《楞严经》里说，凡是任何一种境界出现，不管是幻境还是幻觉，不管是你亲眼看到、亲耳听到、亲身感受到的，若当作圣境执著，就会着魔，当作幻觉则见怪不怪，其怪自败。你才能够继续修行清净的佛法。

因此禅宗的修行经验一定是非常清净的，即所谓魔来魔斩，佛来佛斩。意思是任何反应、任何感应都要当成平常现象和幻觉幻境处理，才是最健康最安全的禅修观念。因为初学坐禅的人，没有办法判断异常经验的是真是假，干脆一律视为是假是幻，是比较妥当正确的。一旦有了重大的禅修经验，那就应该到师父这里来请求勘验了。

五、自我的肯定

自我肯定，就是对自己有信心，如果没有自信心的人，就会像一只火鸡，遇到警报时，会把翼翅及尾羽竖起来虚张声势一番；或者像一只澳洲的鸵鸟，它害怕敌人袭击时，便一头钻进沙堆里，躲起来，自欺而不能欺人地苟且偷安一番。能够自我肯定的人，不会虚骄，不会逃避。自己是什么就是什么，有半斤就是半斤，有四两就是四两，实实在在。有许多人希望由他人来承认和肯定自己是真正的人物，他们自己也假装着是个很了不起的人物，这就不是自我肯定。其实，一个人若无自知之明，就会常遇到挫折。除非这个人的福气好，处处能够歪打正着，否则的话，他会处处碰壁，还不知错在哪里，最后就变成没有信心。因此，要想得到他人对自己的肯定，必先完成自我肯定，有了自知之明，才能自我肯定，才会建立起自信。

孙子兵法主张："知己知彼，百战百胜。"其实，以常人而言，知己要比知彼更难。例如在家庭里，夫妇两人如果经常吵架，老是互相指责对方，看对方这也不是，那也不是，问题就是出在夫妇两人都只看到对方的不是，而未明白自己的习气。凡是知彼而不知己的人，一定是烦恼多多，既不会做人，也难于成事。

自我的肯定，不等于自我的膨胀、自我吹嘘、自我夸大。自我肯定必须建立在自我了解的基础上。譬如像我这样的人，好多人跟我讲："圣严法师，以你的智慧和才能，如果不当和尚，也能当到部长。"但我知道自己的底细，最好还是当和尚，我不是当部长的材料。类似的机会，包括名、利、位、女色等，满不少的，可是我还只是肯定自己，最好是只做一个普通和尚。又如1975年时，我在日本留学，已经取得了博士学位。那时正逢台湾国民党政权退出联合国。日本又与中国建立，台湾的前途未卜。就有一位日本教授对我很关心地劝说："你今后如何打算？"我说："是啊！今后听天由命，一切都靠因缘。"他说："我介绍你到一个寺院当住持如何？"我说："有一个寺院住持做也不错啊！"教授说："不过，依照日本的习惯，寺院住持，必须娶妻。"原来当时有一小寺院的住持去世了，留下遗孀及一个年轻的女儿，却未有儿子来接住持的位置，那对母女就必须离开寺院。在这青黄不接的时候，那位教授想我这个人大概可以递补一下。后来母女两人来看我，这就是相亲啰。我想那怎么行！我还是适合做一个不娶老婆的中国和尚。幸亏我能自我肯定，所以今天还能够在这里跟你们诸位讲自我肯定。

我们应该知道自己的分量，应该了解自己是什么样的材料，然后来充实自我，发挥自我；不放弃自我的既定方向，不动摇自我的基本信念，就不会受到环境的影响而失落了自我。例如也有人曾对我说："你是个文学博士，也写了不少书。如果你是个在家居士，肯定是一个名作家。"我说："好在我做了和尚，要不然就没有文章可写了。"也有人建议我说："你们法鼓山及东初禅寺不是需要很多钱吗？何不跟我们合伙来做生意，赚了钱就可以弘扬佛法。"我说："请你千万不要害人。我若做了生意，必定一败涂地！"像你们诸位都是在事业上已经成功的社会精英，你们一定知道，脱离自己的专长，改行不是不可以，但是必须要考量每个人都有他们的先天资质及后天条件，那就是因缘的配合，也就是知己知彼，或者叫作识人识己识时务。

要想自我肯定，必须增长优点，改善缺点。若能自知缺点，也是一种优点；若是夸张优点，便是一种缺点。

如何知道自己的缺点？如何发现自己的优点？打坐便是好方法。诸位是不是常听说"身不由己"和"心不由己"两句话？你会发现心不由己的妄念或杂念太多了。自己的心中所想的，往往不是自己要想的；自己希望要想的，往往反而想不出来。妄想杂念，是非自主的思绪和念头，与妄想杂念相对的是自主自律的正知正念。我们能够经常自主地指挥自己的念头，去想什么和不想什么的时候是很少的。常常心不由己，品德就有问题。所以，一般没有修行经验的人，其品德大致上都不是很健全的。如果一个人的品德已经十全十美，那就是成佛了。因此，平常人的品德不健全是正常现象。然而，许多人都不知道自己的品德不健全。所以常常听到有人说："请你不要侮辱我的人格。"这似乎是说，他的品德本来已经很完美，可是被他人侮辱之后就不完美了。其实，人人都应该坦诚地承认自己的品德尚有许多问题，才能面对自己的缺点，改善自己的缺点；能以真面目见人，坦诚承认自己的缺点，反而是一种美德。

如何衡量优点和缺点？不能光用别人的判断，要用你自己的标准，别人看你是缺点，也许恰恰是你的优点。优点和缺点，长处和短处，很难有绝对标准，从这边来看，认为是优点和长处，但是从另外一个立场看，很可能被认为是缺点和短处。原因是优点和缺点往往是相反适相成的，例如你的缺点，恰恰也是另一个人的缺点，配在一起，臭气相投，正好他需要你。反过来说，如果你的长处正好是另一人的长处，两强相抗，他就容不得你了。

人与人相比，都有多福、少福和无福的区别。一个人今天因缘未成熟，所以没有福；过几天因缘成熟了，就是有福的人了。当因缘不成熟时，不要失望，说不定另外一个机会正在等着你。

人的优缺点，可以是多方面的：有性格的、有品德的、有心理的、有智能的，最重要的还是在于福德因缘的配合与否。

所谓大丈夫要能屈能伸、舒卷自如，一般人往往是能伸不能屈，那便是大缺点。

先要自我肯定，才能受人肯定；先要自己有信心，他人才会对你有信心；先要尊敬他人，才能得到他人的尊敬。

我勉励我们法鼓山的全体会员，要有“见人低一级”的修养。意思是不要自高自大，要虚怀若谷；不要盛气凌人，要尊上谦下。可是，对长辈、对能力强过自己的人，谦虚还容易，对晚辈、对不如你的人谦虚礼让，就很不容易了。如果当你的稚子叛逆不听话时，你是打他一顿，骂他一番，还是倒一杯茶给他？小孩子有叛逆的表现时，倒一杯茶给他，可能要比打骂训责一顿更好。这就是见人低一级的好处。

见人低一级，并不是自我作贱，而是自我的尊重，敬人者人恒敬之。所以面对任何人时，一定要在心平气和的态度下，尊重他，关怀他；在肯定他人帮助他人的同时，也肯定了自己。

六、自我的成长

成长什么？成长自我的智慧与慈悲。

有智慧的菩萨，不会厌世，也不会恋世，故名为出世；真能出世，才能入世及化世。入世化世而成为圆满的大觉者，便是成佛。例如诸佛成佛都以人身在人间成佛，一切菩萨必须以慈悲心广度众生，方能成佛，假如菩萨不入世间，岂有众生可度；菩萨出现世间而又迷恋世间，岂能救度众生？唯有入世，才能有化世的工作好做。菩萨们有慈悲，所以能入世化世；菩萨们有智慧，所以入世而不会被世事迷惑，并且运用智慧来指导去做救度众生的化世工作。这就是悲智双运、福慧双修的菩萨行。

智慧是如何得到的？有三个方面：第一是闻慧，从听讲开示、看佛经书而摒除邪见，建立正见，信因果，明因缘；第二是思慧，以禅观的方法，做思惟练习，从思惟而得一心的定境，由定力而产生明晰的智慧；第三是修慧，就是修戒、定、慧的三无漏学。修戒是在身、口、意三种行为方面，不做自害害人的事，不说自害害人的话，不动自害害人的念头。也就是："诸恶莫作，众善奉行。"尽一己之所能及所有，用身、口、意三业，来做自利利他利益一切众生的事，就会产生无我的智慧。

修戒，亦名为持戒，凡是危害身心健康的行为不可以做，凡是有益于他人大众身心健康的事，不得不做。消极面是已作之恶要改过，未作之恶令不起；积极面是已作之善要增长，未作之善要开发。

修定，可以用打坐的方法。打坐能使人在平常生活中经常保持情绪的稳定、人格的健全。如果没有足够的时间和空间打坐，也可以念佛安心。前一阵子我在台北时，有一位代表见我，他说刚才在阳明山中山楼开会时吵了一架，甚至有人说粗话骂"三字经"。我劝他："下次别人骂你们三字经，你就改念'阿弥陀佛'的四字经，架就吵不成了。念佛之后，就能心平气和，就能好好地商谈沟通了。"除了打坐与念佛可以安心定心，诵经、礼拜等，也都能产生心平气和的作用。

修慧，是要看佛经、佛书，看有益于身心健康及精神修养的书籍，而佛书是最好的，它能让我们心胸豁达、气度恢宏，建立人格的座标。

从闻思修的三慧，能够获得利益的经验，名为证慧。证慧的最高深点，便是大觉智者的佛果位。

至于如何在日常生活中成长自我的智慧与慈悲？当从惭愧、忏悔、感恩三方面努力。

“惭愧”的意思是自知对不起自己称为惭，自知对不起他人称为愧疚。一般自负、自大、狂傲、骄慢的人，不会产生惭愧心，总觉得自己无愧于天，无愧于地，也对得起自己的良心。像这样的人，在智慧和慈悲方面，是不容易成长的。有了惭愧心，便会谦虚礼让。儒家也说，满招损、谦受益。自知有所不足和有所缺失，是自我的检讨反省，便有改过改进的可能，否则错上加错，哪里还有自我成长的机会。所以惭愧心是人格的清洁剂，在清理了染污物之后，向着既定的方向，继续努力做自己应该做的事。

“忏悔”就是承认自己的过失，承担应负的责任。譬如做老师的人，没有尽到老师应尽的责任，对不起学生，就是用忏悔心来弥补；小过失对自己的良心忏悔，大过失当对学生的面忏悔，忏悔不会丢脸，忏悔也不等于老师永远就有过错，那是表示勇于负责、勇于改过的态度。有些人不懂得忏悔的真义，他们在神前或佛前，焚香祈祷，说是犯了错害了人，请求神佛，网开一面，原谅他们无知；这样在神佛的偶像之前忏悔之后，便以为不再受到应得的惩罚了，下一次有了机会，再三再四地犯错害人，又再三再四地去焚香祈祷表示自己的无知，请求神佛原谅他们的无知。这种忏悔的心态不正确，也不能收到忏悔的功效。

"感恩"不仅是一般人所说的回馈，应该是饮水思源，感念之情常系心头。所谓恩人，究竟是谁呢？除了父母是最亲的恩人之外，凡是在你的生命中对你有益有助的人，都是恩人。恩人可有两类：一是为你顺水推舟的人，二是使你逆水行舟的人。一般人仅以顺水推舟的人为恩人，给你打击、批评、诽谤、阻扰的人，便以为是仇人。其实，那些人使你在逆境中受到锻炼，助你久炼成钢，岂可以说不是恩人。例如释迦牟尼在《法华经》中说过，他的一个叛逆弟子提婆达多，将来一定成佛。因为从释迦牟尼在过去无量劫前发菩提心后，提婆达多都是给他逆向的帮助——打击、阻挠、破坏。提婆达多使释迦牟尼得到了磨炼，使他成了佛，所以有大恩德。

诸位菩萨，在你们的生命史中，这样的恩人多不多呢？如果有，在你们心里是怨恨抑是感恩呢？一般人要做到不怨恨已经很不容易，何况要向这种人感恩！曾有两位法师，因为细微的法义之争而吵了一辈子的架，彼此发誓不想见面。逢到佛教界有聚会的时候，两人都会先问有没有对方参加，如果有一方参加了，另一方就不参加。另有第三者跟其中的一位说："我们大家总有一天要到极乐世界去，你们两位也要去啊！怎么现在就有他没有你、有你没有他地吵个不休呢？"那位法师说："阿弥陀佛，如果那个魔王也能到西方极乐世界，那还是什么极乐世界呢？他都去了我还想去吗？"双方怨恨到如此程度，还是两位出家人呢！不过出家人也还是人，所以也会产生怨恨。毕竟不是为了私利而为法义，故在两位法师中，有一位在临终前悔悟了，他留下遗言说："我一生中最大的遗憾是与某某法师为了佛法的观点之争，吵了一辈子架，并且从此不相往来。我死之后，希望某某法师能够原谅我，能来参加我的葬礼。”因此使得另外一位法师在葬礼上痛哭流涕地说：“阿弥陀佛，我怎么跟他吵到死为止呢？还是他先原谅了我，他真是成佛了，而我却仍是个丢不下怨恨心的鬼。”

这个故事告诉我们，产生怨恨心是很容易的，消除怨恨心则很难，如果能把恨得很深的人当成恩人看待，是极不容易的事，但是我们要练习，不练习就没有智慧，也没有慈悲。人在一生中，多多少少总会遇到像这样助你逆水行舟的人，如果你从来没有遇到过，总是一帆风顺地走过人生，你真是一位福德殊胜、因缘殊胜的人了。

七、自我的消融

自我的消融，是要从自我肯定及自我成长的过程中逐渐完成的。如果连自我是什么都不知道的人，同他谈自我消融是毫无价值的。譬如对一个不知道钱为何物的人，说不要钱，便等于废话。诸位不要因为听到说佛教讲“无我”，就等于否定了自我的价值。所以一定先要有我，然后才能无我。

我是什么？是生命加身体。可以用一个“十”字来标示，竖的一条线代表时间，横的一条线代表空间。在时间这条线的座标上不断地移动的是生命，昨天在，今天在，明天还在，表示我还活着，这是生命的存在；在空间这条线的座标上，我的身体要占据一个位置，或是在这里，或是在那里，不停地移动，表示我有一个活着的身体，在两条线的交叉处“十”，便是活动于时间和空间中的自我价值的存在。自我的价值，包括正面的和负面的。正面的价值是获得的成就，负面的价值是遇到的挫折，成就和挫折使人产生了爱和憎，因此爱和憎相加，也等于自我。爱什么？首先是爱自己的身体所拥有的生命。有了命，想爱的东西就多了，财、色、名、位、权、势等，恨不得整个世界都属于我的。可惜的是，世事无常，包括老命在内，一切的东西，都不能保有多久。因此，身体加生命，所构成的自我，是那般的脆弱与无奈。因此，自我的另一个代名词就是“无常”。从观念上说，这是人人都可以接受的，故也人人可把自我消融。自我消融就等于佛说的无我。

但诸位不要害怕，一听到无常、无我的道理之后，回家去就会连先生、太太、孩子都不要了。因为一切都是无常嘛！因为自我消融，并不等于不负责任。何况无常无我，也不就是什么也没有，尚须有慈悲的责任及智慧的功能。

无常并非不好，如果当你正处在噩运折磨的情况下，因为噩运也无常，你就不会绝望，往往噩运过后否极泰来；因缘的转变，坏事可成善果，这种因缘就是自己的努力，加上时势环境等的配合。菩萨就是按照因→缘→果的法则，从凡夫转化为圣人，从菩萨完成佛果。成长到佛的层次，就是从自我的成长中，逐步完成了自我消融的境界。当在没有达到这个彻底的消融自我之前，就要练习着如何来自我消融。《金刚经》上说：“过去心不可得，未来心不可得，现在心不可得。”从时间上来说，过去的已过去，未来的尚未来，现在的，转眼即成为过去，都只有过程而无实在的东西，所以都不能执著。执著也是幻境，如把幻境当作实有，就会变成自我的累赘。人生的过程，犹如火箭升空，火箭从发射台发出而飞向太空的过程中，每隔一段时间，就要扔掉一节已经用完燃料的废物，若不扔掉就会成为阻碍火箭继续升空的累赘。人要自我成长，就像上升的火箭一样，不断地丢掉累赘的废物；使用燃料时那是储蓄着动力的有用之物，用完了动力不扔掉它的空壳，便成上升的累赘。人生应当不断地落实于现在，努力于现在；有了成就，而能不执著成就，便是自我消融。

《金刚经》里尚有这样的几个名词："无我相、无人相、无众生相、无寿者相。""我相"是个人与另一人相处而存在；"人相"是因为我相而存在；"众生相"是从我与许多人相处而存在；"寿者相"是自我中心在时间上的延续。如果世界上只有"我"一个人，便不会感觉到我的存在，因为有我与别人的相对比较，才有自我价值的出现。我的成败得失，是相对于别人的存在而浮现出来的。一旦能够把自我价值的情执化解消融，便会体验到《金刚经》所说的无我、无人、无众生、无寿者的四相，其实就是自我的消融，也就是自我的最高人格的完成。

消融了自我的执著、自我的烦恼，便能显现出无我的大智慧以及平等的大慈悲；实际上就是自我的无限自在与无限包容。可以称之为空，也可以称为无我、无相、无住、无念，一切都无，唯有智慧与慈悲的功能，在世间的众生群中，永无休止地展现于无穷空间及无尽时间的内外中间。

戴玉冰居士整理录音带，经圣严法师三度删修

成稿于 1995 年元旦

Chapter 6

法鼓立姿八式动禅

“法鼓立姿八式动禅”是一套不拘时间、不拘地点，而且简单易学、有益身心的“动中禅”。只要能勤加练习，在行、住、坐、卧之中，都能以动禅的修行方式，清楚享受身心放松的感觉，让人安定自在，一举手一投足都充满禅悦与法喜。

非常高兴大家来学习“法鼓立姿八式动禅”，这个方法是非常实用的，而且处处可用，人人皆可用。诸位学了以后，不是自己用就够了，还必须加以推广。

这些动作是经过我自己体验后，觉得确实可用，我才有信心来教导大家。大家学了以后，如果觉得对自己的健康有益，那你就要发大悲愿心来推广。如果你是以自私心来学，或者以姑且学学看的心理来学，你回去以后，可能就不会时常练习。只有发了菩萨心，抱着为社会大众安定身心的心情来学习、推广，才能真正达到目的。

为了推广，大家一定要恳切地练，每天练，练到你开始练习时，高升的血压马上往下降，冲动的心理反应马上消失；平时在面对任何状况，都能够以安定、平和的心来面对。

为了助益大众，请大家一定要好好地发菩提心、发悲愿心来学习“法鼓立姿八式动禅”。

法鼓山创办人 圣严

一、认识法鼓立姿八式动禅

（一）缘起

为了让紧张忙碌的现代人，能够简便地享受禅法的奥妙，法鼓山圣严法师依据多年的实修体验，将禅修心法融入运动中，发展出“法鼓立姿八式动禅”。除了能运动健身，也能使人身心获得放松，达到健身与调心的目的。

“法鼓立姿八式动禅”是一套不拘时间、不拘地点，而且简单易学、有益身心的“动中禅”。只要能勤加练习，在行、住、坐、卧之中，都能以动禅的修行方式，清楚享受身心放松的感觉，让人安定自在，一举手一投足都充满禅悦与法喜。

（二）功能

“法鼓立姿八式动禅”除了具有健身的效果外，还能调心，帮助人们将散乱心转为专心，并进而达到身心合一。勤加练习后，可应用在生活中，时时放松身心、放下身心，最后可达到禅法的最高目的——智慧的开发。

（三）对象

“法鼓立姿八式动禅”不分男女老幼，不论健康或患病，任何人都可以做。

（四）时间

任何时间都可以做，若是饭后半小时内，建议用散步去体会动禅的心法——清楚与放松。

（五）地点

只要空间足够，空气流通，室内、户外均可。

（六）动作顺序

“法鼓立姿八式动禅”的顺序是：先将全身关节韧带拉松，然后从头到脚，从局部运动到全身运动。只要依照这样的顺序，全身筋骨肌肉都能获得运动，而且能避免运动伤害。

“法鼓立姿八式动禅”全部做完约需三十分钟，如果时间允许，应该八式都做，甚至重复多做几次，更能感受到全身的舒畅。如果时间不允许，亦可拆成几个段落分开做。

（七）心法次第

“身在哪里，心就在哪里”是动禅的基本原则，相应的心法次第是“清楚→放松→全身放松”。

1. 清楚：从清楚局部的动作到清楚全身的动作

这是练习身心合一的第一步。练习“清楚”时，首先就会发觉自己的心是散乱的，不断练习清楚自己的动作，慢慢地可以从散乱心进入专心。

2. 放松：从清楚局部的紧张到清楚局部的放松

一般人并不知道自己的身体是紧还是松，如果练习着把心安住在身体的动作上，便可进一步体会到身体肌肉筋骨，从紧张到放松的过程，体会身心合一时，身体放松的状态。

3. 全身放松：从局部的放松到全身的放松

完全的身心合一，不只是身体局部放松，而是全身都放松。因此，必须练习将身体局部的放松扩大到全身的放松。如果运动中能持续不断地放松身心，最后必能享受到全身的放松，从而体会到禅悦与法喜。

（八）修习要诀

1. 自然呼吸：不控制呼吸，不刻意注意呼吸。

2. 注意身体状况：少数人在做第二式“颈部运动”、第四式“擎天触地”及第六式“转腰画圈”时，会有头晕的现象。如果有这种情形，在做这三式运动时请张开眼睛，运动幅度减小，同时放慢速度，如此就可获得改善。

3. 避免运动伤害：做第四式“擎天触地”，身体下弯时，要从颈椎、胸椎、腰椎到尾椎，一节一节地弯曲，上举时，同样要感受脊椎一节一节地由下往上打直，而非脊椎一下子整个打直地弯下，整个打直地上举。这样一节一节地弯曲、上举，除了加深运动效果，也可避免腰部的运动伤害。

4. “清楚与放松”重于动作的标准：要以最舒服的感觉来做动禅，不一定强求动作标准，重点要放在禅的体验，才能体会到身心合一的全身放松。

二、立姿八式动禅分解动作说明

【起式】

动作说明

1. 双手合十。

2. 身体放松，两脚张开与肩同宽，两手自然下垂。

【第一式：扭腰甩手】

动作说明

1. 向左转腰甩手，两脚不动。
2. 一手顺势轻拍肩膀，一手轻拍背部。
3. 清楚双手拍肩的感觉。
4. 清楚腰部带动双手的感觉。
5. 清楚全身运动的感觉。
6. 清楚腰、手放松的感觉。
7. 清楚全身放松的感觉（二次）。
8. 享受全身放松的感觉（二次）。
9. 结束时双手合十。

【第二式：颈部运动】

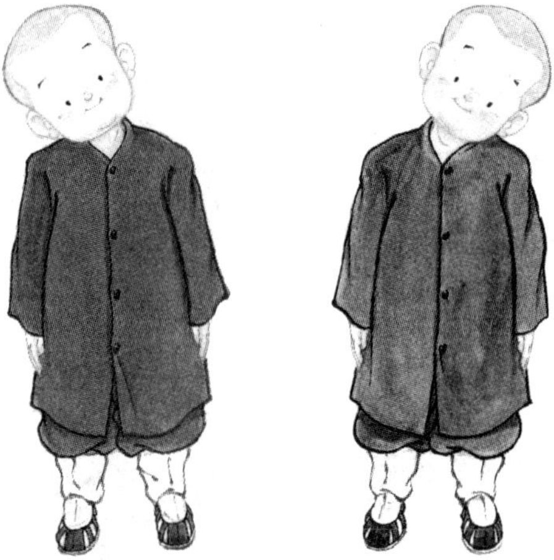

（动作1～5）

动作说明

1. 身体放松，两脚张开与肩同宽，两手自然下垂。
2. 头部缓慢地左倾，耳朵尽量贴近左肩。清楚颈部右侧伸展的感觉。
3. 头部缓慢地右倾，耳朵尽量贴近右肩。清楚颈部左侧伸展的感觉。
4. 头部缓慢地左倾。清楚颈部右侧伸展的感觉，清楚全身放松的感觉。
5. 头部缓慢地右倾。清楚颈部左侧伸展的感觉，清楚全身放松的感觉。
6. 头部缓慢地回正。

（动作 7 ~9）

7. 头部缓慢地往左后转，头部缓慢地往右后转。清楚颈部扭转的感觉。
8. 头部缓慢地往左后转，头部缓慢地往右后转。清楚全身放松的感觉。
9. 头部缓慢地往左后转，头部缓慢地往右后转。享受全身放松的感觉。
10. 头部缓慢地回正。
11. 头部缓慢地往下，下巴尽量接触前胸。清楚颈部伸展的感觉。
12. 头部缓慢地往后。清楚下巴向上伸展的感觉。
13. 头部缓慢地往下。清楚颈部伸展的感觉，清楚全身放松的感觉。

14. 头部缓慢地往后。清楚下巴向上伸展的感觉，清楚全身放松的感觉。
15. 头部缓慢地回正。
16. 结束时双手合十。

（动作 11 ~14）

【第三式：腰部运动】

动作说明

1. 身体放松，两脚张开与肩同宽。
2. 两手叉腰，虎口向下。
3. 腰部从左至右缓慢地旋转。
4. 清楚腰部旋转的感觉。

5. 清楚全身运动的感觉（二次）。
6. 清楚腰部放松的感觉。
7. 清楚全身放松的感觉（二次）。
8. 享受全身放松的感觉（二次）。
9. 反方向旋转，重复动作 3 至动作 8。
10. 结束时双手合十。

【第四式：擎天触地】

动作说明

1. 身体放松，两脚张开与肩同宽。
2. 十指交叉，两手缓慢上举，尽量伸展。清楚双手伸展的感觉。

3. 两手缓慢往下，身体缓慢下弯，双掌尽量触地。清楚腰部、腿部伸展的感觉。
4. 两手缓慢上举。清楚双手伸展的感觉，清楚全身伸展的感觉。

5. 两手缓慢往下。清楚腰部、腿部伸展的感觉，清楚全身伸展的感觉。
6. 两手缓慢向上伸展。清楚双手放松的感觉，清楚全身放松的感觉。
7. 两手缓慢向下伸展。清楚腰部、腿部放松的感觉，清楚全身放松的感觉。
8. 重复动作 6 及动作 7。
9. 两手缓慢向上伸展。享受全身放松的感觉。

10. 两手缓慢向下伸展。享受全身放松的感觉。
11. 重复动作 9 及动作 10。
12. 身体缓慢回复直立。结束时双手合十。

【第五式：甩手屈膝】

动作说明

1. 两脚张开与肩同宽，两手自然下垂。
2. 双手前后摆动，双膝顺势弯曲。
3. 清楚双手摆动、膝盖抖动及全身运动的感觉（二次）。

4. 清楚双手放松、膝盖放松及全身放松的感觉（二次）。
5. 享受双手放松、膝盖放松及全身放松的感觉。
6. 结束时双手合十。

【第六式：转腰画圈】

动作说明

1. 身体放松，两脚张开与肩同宽。
2. 两手缓慢上举与肩同宽，掌心相向做抱球状。
3. 身体缓慢由左至右，由上往下做三百六十度环绕。
4. 清楚腰部转动的感觉。
5. 清楚腰部带动双手的感觉。

6. 清楚全身运动的感觉（二次）。
7. 清楚腰部放松及全身放松的感觉（二次）。
8. 享受全身放松的感觉（二次）。
9. 反方向旋转，重复动作 4 至动作 8。
10. 结束时双手合十。

【第七式：膝部运动】

动作说明

1. 身体放松，两脚并拢。
2. 膝关节弯屈，两手置于膝盖上。
3. 膝盖由左至右缓慢地旋转。
4. 清楚膝盖旋转的感觉。
5. 清楚全身运动的感觉（二次）。
6. 清楚膝盖放松的感觉。
7. 清楚全身放松的感觉（二次）。
8. 享受全身放松的感觉（二次）。
9. 反方向旋转，重复动作 4 至动作 8。
10. 结束时双手合十。

【第八式：左右伸展】

动作说明

1. 全身放松，两脚并拢。
2. 左脚缓慢地前弓，右脚伸直，双手前后伸展。
3. 身体缓慢回正，双手合十。
4. 右脚缓慢地前弓，左脚伸直，双手前后伸展。
5. 换边，清楚双手伸展的感觉。
6. 换边，清楚颈部、腿部、腰部伸展的感觉。
7. 换边，清楚双手伸展的感觉，清楚全身伸展的感觉（二次）。
8. 换边，清楚颈部、腿部、腰部伸展的感觉，清楚全身伸展的感觉（二次）。
9. 换边，清楚双手放松的感觉，清楚全身放松的感觉（二次）。

10. 换边，清楚颈部、腿部、腰部放松的感觉，清楚全身放松的感觉（二次）。
11. 换边，享受全身放松的感觉。
12. 换边，享受全身放松的感觉。
13. 双手合十后，停顿几秒。
14. 法鼓立姿八式动禅结束。

Chapter 7

禅与悟

一般尚未修行或者虽已修行而仍未得门径、未得实际经验的人，总喜欢谈论悟境，企求悟境，对于悟境产生好奇心或猜测与想象。

禅的悟境与魔境

一、悟境是什么

一般尚未修行或者虽已修行而仍未得门径、未得实际经验的人，总喜欢谈论悟境，企求悟境，对于悟境产生好奇心或猜测与想象。其实，悟境的确是有的，但却不是以企求心、好奇心所能得到的。以猜测和想象来揣摩悟境，则你永远无法了解悟境是什么。“开口即错，动念即乖”，若用思想、知识、语言、文字、逻辑推理等方法来解释说明悟境，便与悟境的本身越离越远。所以在禅宗的历代祖师们，尽管有了极深的悟境，但却绝少将他们的悟境用文字形容出来。唯从他们悟后所说的法语或铭文、歌偈之中，体会到一点他们所悟的是什么；那也唯有有了相当证悟经验的人，始能看到文字背后所藏的是什么。例如三祖僧璨的《信心铭》，梁末亡名的《息心铭》，牛头法融的《心铭》，傅翕的《心王铭》，石头希迁的《参同契》，永嘉玄觉的《证道歌》，清凉澄观的《心要法门》，洞山良价的《玄中铭》，宋代廓庵师远的《十牛图颂》等，大致均系对于悟境的文字反映。其中的《十牛图颂》，可以算是较为明确地指出了一个禅者，由修行开悟而再入世化众的心路历程。由于各人所悟的深浅不同，他们所道出的悟境也自不同，所以虽皆可作为通向悟境的指路牌，并不一定能够看做悟境的终点站。在一无凭借，又无法想象的情形下，读诵、讲解那些古代大禅师们的文字，仍然极其有用。现在分别介绍《十牛图颂》以及太虚大师的悟境如下：

(一) 十牛图颂

所谓十牛图，就是以十幅图画表现一个修行者像一个牧童一样，如何把自己的本来风光或露地白牛——天然妙心或般若佛性显现出来，把烦恼执著逐渐克服，发挥自然妙用的化世功能。这虽不是每一个修行者都会经过或必须经过的十个阶段，但已可以

一、寻牛图

由此而略知修行过程的一些消息。

1. 寻牛——图中画着一个人，手里拿着牛绳，奔向郊外，寻找他的牛，但他尚不知牛在何处。此是吾人发觉了自己被困于烦恼虚妄之中，迷失了自己的本来面目的自性之牛，也就是对于见性开悟的事，已经有了追求向往之心，开始用功修行的阶段。其颂文，即是用心修行的情况，是这样的：

忙忙拨草去追寻，水阔山遥路更深。
力尽神疲无处觅，但闻枫树晚蝉吟。

在这阶段的修行者是很苦闷、很急躁的，往往会发现比未修行时的烦恼更多。

二、见跡图

2．见迹——图中的人渐渐地发现了他的那头自性牛的足迹，此系吾人在看经闻教，依经解义之后，确信自己必有尚未发现的佛性在，更会从修行之中，感觉到自己一定有开悟见性的可能。

水边林下迹偏多，芳草离披见也么。
纵是深山更深处，辽天鼻孔怎藏他。

这是说在水边林下苦修苦参之后，时断时续的妄想心渐渐平静，便相信自己在妄想心完全断绝时，自性之牛定然显现。

三、见牛图

3．见牛——图中的人循着牛迹的方向走去，听到了牛鸣声，也见到了那头牛的后半个身子，显现在一棵大树的侧面。此即依照正确的方法以及正确的知见修行之后，达到了见到自性之牛的目的；但尚未能掌握控制这个开悟见性的情况，只要稍有干扰，这条清净无染的心牛，又会被妄想杂念的草丛及树林所遮掩起来。颂文是：

黄鹂枝上一声声，日暖风和岸柳青。
只此更无回避处，森森头角画难成。

这是说，妄想杂念渐少渐灭，心念宁静，渐渐清明，所以毫无疑窦地自信已见到了自性之牛。但对这条心牛的面貌，尚无法清楚地看得分明，而且随时都有再度被它走失的可能。

四、得牛图

4. 得牛——图中的人已把绳索牵住了牛，但是牛性还是很野，企图挣脱牛索的控制，所以牧牛人必须加以鞭策和调伏。这是说修行者虽已亲自证悟了自性的全体，但由于烦恼的习气以及环境对他的诱惑与影响依然存在，唯恐再度回复到未悟之前的情况中去，所以要更加精进地策励用功。颂文是：

竭尽神通获得渠，心强力壮卒难除。
有时才到高原上，又入烟云深处居。

这是说，用尽了气力来修行，好不容易总算是开了悟，见到了自性，但是仍有强大的烦恼潜伏，一时间不易清除，好像是从烦恼的深谷之底，好不容易爬上了高山的顶上，有时候仍有烦恼的烟云笼罩到你的停身之处一样。

5. 牧牛——图中的人小心翼翼地拿着牛鞭，握着牛索，控制着一头野性未服的牛，如有一个疏忽，这头牛仍有走向路边的田里偷吃几口庄稼五谷的可能。此是说明吾人在开悟之后，不可掉以轻心，不要太高兴，必须小心谨慎地、继续不断地去做调伏烦恼、收摄妄心的功夫，否则，烦恼未除，随时仍会有贪、嗔、痴等事情发生。颂文是：

鞭索时时不离身，恐伊纵步入埃尘。
相将牧得纯和也，羁锁无抑自逐人。

五、牧牛图

如果不能以戒慎恐惧之心，来照顾自己已经得到的悟境，很可能仍会回到旧日的烦恼之中；如果把自己已得的悟后心境，照顾得很好的话，戒律的规定与禅定的功力，便会自然而然地成为修行者的日用物了。

6. 骑牛归家——图中的人骑在一头已经被驯服的牛的背上，将牛索轻松地系在腰间，双手拿着横笛，吹奏着悠闲的牧曲。这是说明经过一段时日，做完调心的功夫之后，烦恼妄想已经完全被修行者调伏，心头不再有染污的妄念蠢动，乃是一片纯和明朗的景象，渐渐地要回到纯净无染的心境中去了。颂文是：

骑牛迤逦欲还家，羌笛声声送晚霞。

一拍一歌无限意，知音何必鼓唇牙。

六、骑牛归家图

修行者到了这个阶段，渐渐地走向不生不灭的自性的老家，一路上心中明明白白地能够感受到自己的身心和自然环境的存在。那些经过五官而被他感受到的每一种事物，无不充满着用语言所无法形容，也不必用语言来描述的佛法的深意，真是有情无情皆吐广长舌相，有声无声无非天鼓妙音。

7．忘牛存人——图中的人已经回到自己的老家，忘却了他曾经骑过的牛，非常自在舒适地坐了下来。也就是说，修行者到了这个阶段，已经住定，无烦恼、无是非、无妄心可调，那个可调的妄心已经不见，真的已到了《六祖坛经》所说“憎爱不关心，长伸两脚卧”的程度。此时，烦恼心没有了；没有烦恼的那个人，他虽已经没有外境和内境的分别，也没有烦恼和菩提的执著心，但他尚清清楚楚地觉得有个主观的自己存在。颂文是：

骑牛已得到家山，牛也空兮人也闲。
红日三竿犹作梦，鞭绳空顿草堂间。

七、忘牛存人图

自性本来清净，一旦妄想心消失之后，清净的自性立现，既是绝对清净更无一物可见，所以当自性呈现之后，自性这样东西是不可名状的，因为普遍地存在于内及外，正如鱼在水中，不觉有水，人在空气中，往往忽略了空气的存在。此时无妄心之牛可牧，所以变成了心中了无一事可做的人。

8. 人牛俱忘——图中只画一个圆圈，圈中空无一物，牛不见了，牧牛的人也不见了。牛是自性，人是体验到自性的修道心，既体验到自性的普遍存在，便消失了对于自性的相对之感受，进入绝对的完全统一的心态时，个别的主观意识也跟着消失，所以既不见牛，也不见人，无宾无主，宾主浑然一体，那只是一种充实、满足、究竟、彻底的存在。凡夫圣者无踪迹，众生与佛悉皆空，没有烦恼可断，也无菩提可成。颂文是：

鞭索人牛尽属空，碧天寥廓信难通。
红炉焰上怎容雪，到此方能合祖宗。

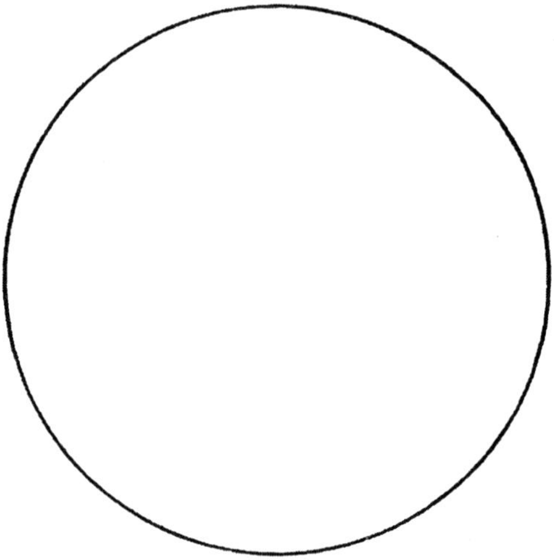

八、人牛俱忘图

这是言语道断、心行处灭的阶段，没有信息可以互通，因为根本用不到心思度量，也无法用心思度量来表示它和说明它，名为不可思议的境界。

9. 返还本源——图中画着一尘不染的翠竹与黄梅、青山及绿水，表示从绝对统一的定境，返照现实的生活，心虽不动而智力湛然明澈，朗照一切而不为任一事物动烦恼心。春来百花烂漫，秋到千山红叶。月白风清，心如明镜，映照万物，而不变其清净的自性。一切万物，亦无非是本然清净的诸佛法身。颂文是：

返本还源已费功，争如直下若盲聋；
庵中不见庵前物，水自茫茫花自红。

九、返还本源图

图中有客观的景物，没有主观的人，虽然山还是山，水还是水，却已不是未曾用功修行之前所见的山和水。山和水虽仍相同，却已没有会被山水景物打动心念的“自我”了。既已不会因了声、色而动分别执著的烦恼妄心，所以如聋如盲，视可见却不动心，听可闻却不动心，食知其味却不动心，庵前庵后的花红水绿，也只是自然景物的自然存在，既不拒之于心外，也不纳之于心内，此即面对森罗万象，于心了无挂碍，所谓解脱、所谓自在，由此可以略窥消息。

十、入廛垂手图

10. 入廛垂手——图中画一个洒脱自在地提着一只布袋的和尚，面对着一个瘦弱贫苦的乞丐，和尚做布施，乞丐求布施。这是说明修行者于成就了道业并且得到解脱自在之后，便会自然生起广度众生的大慈悲心，这是向上自求解脱之后的必然结果，不假意志，不循理想，不是为了什么使命，只是自然而然地从个人的修行生活之中，走向协助他人的行动中去而已，所以在其本身不名为救世化众，只是一种出自天真的游戏三昧。颂文是：

露胸跣足入廛来，抹土涂灰笑满腮。
不用神仙真秘诀，直教枯木放花开。

这完全是一幅表现天真自然、洒脱自在、不拘形式、不着俗仪的神通妙用的图画，脱俗而不厌俗，入俗而不着相，充满了大解脱、大慈悲、大智慧、大神通的活力。禅宗不以一般所说的神通为然，但是你一旦能从烦恼的束缚之中，得到连根拔除的大解脱之时，不着一切人我、善恶、凡圣、染净等的分别相之际，心得自在，身体也会自在，身外的一切也会由你自在地转变它们，所以，顽石能够点头，枯木真会开花。这不是神仙的咒术，也不用神通的秘诀，仅是自然而然发生的事。

以上十牛图所表现的悟境的阶段及其现象，是我根据图形及颂文而作的叙述，大致可供渴望知道悟境是什么的读者作一个参考。事实上的开悟层次，乃是因人而异的，十牛图所示的，不一定就是一个标准的次第。因为有的人一悟再悟，悟上数十次，乃至不知其数，可能每次的悟境程度都差不多，只是一次又一次地重温以前曾经得过的经验；有的人初悟与再悟，就有了浅与深的感受；多数的人初悟不会太深；有些善根深厚、根机很利的人，初悟就可能悟得相当地深。

（二）太虚大师的悟境

太虚唯心（1890～1947年）未以禅者自居，实际上他是从事于教义的弘扬以及教育青年僧的工作者；但他之所以成为一代大师而能为法忘躯，奔走呼吁，席不暇暖，就是因为他在修证上有了经验的缘故。现在试举太虚大师的三次悟境如次：

1. 在他的自传中，十九岁那一年（1908），他在慈溪汶溪的西方寺，阅读《大藏经》中的《大般若经》而得的悟境如下：

> 积月余，《大般若经》垂尽，身心渐渐凝定。一日，阅经次，忽然失却身心世界，泯然空寂中，灵光湛湛，无数尘刹，焕然炳现，如凌虚影像，明照无边。坐经数小时，如弹指顷。历好多日，身心犹在轻清安悦中。

因此，他又取《华严经》阅读，恍然觉得《华严经》中所说，皆是他自己心中现存事物的境界。伸纸飞笔，随意抒发，每日数十张纸，累积千万字。自此，所有有关禅宗语录带给他的疑难而不可解释的问题，此时一概冰释，心智玲珑透脱，了无滞碍。以往所学的佛教教义，以及教外的世俗、知识、文字，均能随心活用。

2. 在他二十八岁的那一年（1916），又发生了一次悟境。据他的年谱所录，看来应比第一次的更好：

是年冬，每夜坐禅，专提昔在西方寺阅藏时悟境，作体空观，渐能成片。一夜在闻（普陀山）前寺开大静的一声钟下，忽然心断。心再觉，则音光明圆无际。从泯无内外能所中，渐现能所内外、远近久暂，回复根身、座、舍的原状。则心断后已坐过一长夜；心再觉，系再闻前寺之晨钟矣。心空、际断、心再觉、渐现身、器，符《起信（论）》、《楞严（经）》所说。从此，有一净空明觉的重心为本，迥不同以前但是空明幻影矣。

3. 当他三十二岁那年（1920）的十一月十四日的晚上，编完《楞严经讲义》，“此夕旋闻稍坐，忽觉楞严义脉，涌现目前，与唯识宗义相应”。

如果将太虚大师的三次悟境，与十牛图的阶段层次对比，便很难明确地指出，究竟如何配合才算恰当。在第一次的悟境中，虽然时间的感受非常地轻微短暂，空间的感受却更为明显广大，而且在那无际的空间中，尚有像《华严经》中所说无量刹土的凌虚影像，及明照无边的湛湛灵光。只能说，此时的太虚大师，已得一心不乱，由一心的定境而显映出无边的空间，却好像是失去了时间；时间的感受，不是完全没有，只是极为快速。这是相对的，空间的感受越辽阔，时间的感受便越短促。由定境而见到光明无际，身心轻安愉悦，这是必然的现象。可见此次的悟境，尚不是“无心”，所以不能算深悟。

第二次的悟境，“心空际断”，也就是当他对时间与空间的感受，完全中止，再恢复到他的感觉世界时，已经过了一长夜。是见到本然自性而到达“无心”的程度了。从此，太虚大师才有一个非常清净、非常光明的重心，作为他为人处世的依据或原动力，真正改变了他的气质、净化了他的人格，使他成为了一个伟大僧侣的模范。

第三次的悟境是从静中得到的一种智慧力，因为他已有过定境及悟境，凡需要用直觉的观照来决断和判别的时候，自然会有所谓神来之笔似的思潮涌现，但那现象的本身，并不是定，也不是悟。

总之，悟境是因了修行者的功力不同和根器差殊而有千差万别，不可以某一个人的经验，作为衡量一切人的尺度。但其有一个不变的原则：当悟境显现之后，他的自我中心的自私、骄傲、自卑等的心理现象，必定会相对地减少，最好少到不但他人感觉不到他有烦恼，连他自己也很少感觉到他还有这些烦恼。通常的修行者，并未见性开悟，仅是将散乱的妄心，暂时得到片段时光的休息，甚至尚未到一心不乱的阶段，便有见到光明，感到轻快，不期然而然会流泪哭泣、或啼或笑，有一种已经从烦恼中得到了解脱的错觉，自以为已经开悟，已经见性，或者自以为已与唯一的神亲自交通，乃至已是唯一的神的全部了。因此而意味到自己即是上帝，或是上帝的化身，或是上帝的使者，负有救世的使命。像这一类的修行者，个人的自私已消失，神性的自大和骄傲却代之而起，至少也会感觉到他们自己不是凡夫，已和凡夫有别的心态会油然而生。像这种情况，以禅的立场而言，决定不是见性的悟境，最多只是定境，甚至连初禅的程度也未进入。

二、开悟的条件

我在美国有一个学生，他是基督教的资深牧师，跟我学了一段时间的打坐方法，我所教的初步方法对他都很有用，后来也参加了禅七。他总以为以他的热心和努力，照着我教的方法修行，开悟的可能性要比一般的人为高，结果，七天的禅七打完，他的确有不少进步，而且也有一些颇为神奇的感应，就是没有开悟。因此他问我，基督教所说的“重生”是否相当于禅宗的开悟，因为他是先有了重生的经验而决定献身于上帝做牧师的。我告诉他，开悟，英文的 enlightenment 这个词，今日在世界上的许多宗教都在用它，如果以基督教的立场或尺度而言，“重生”应该就是开悟；但在禅的立场，就不能算是开悟了，而且也不好比较、不必比较，因为基督教是借信者的虔诚心和神的感应力的沟通，能使信者发生“重生”的心理现象——感恩上帝的宠爱，悔悟自己的罪行，使一个人变为诚实、谦虚而又狂热地保护他的信仰及宣传的信仰。禅则不然。禅的功夫，主要是在戒、定、慧的基础上发生的。最初是有，接着是空，最后则连空有的对立观念也要空掉，禅宗称它为“无”。基督教中虽然也有一派神秘主义者，修行苦行及冥想默祷，然总不像禅宗之主张修行法门的重要。禅宗在修行之先的准备工夫非常重要，修行中必须注意的事项也不少，此可从明末莲池袾宏所辑的《禅关策进》一书中知其梗概。

修禅的四大通则。所谓通则，是综合诸家之说，对于禅的修行者所作的共同要求。也就是说，若不遵守如下的四项原则，要想得到禅的心髓，乃是非常不容易的。

1. 大信心——建立坚定不移的信心，可从两方面着手：一是从对佛法的理解或认识方面开始，如你确已被佛法的广大精深所吸引，你便会对它产生信心，而作进一步的实际修行。二是从对佛法僧三宝的接触并已实际上体验到了它对你确有大益，你便会由感激、感谢、感恩而油然地生起信心。信心中包括两个项目：

信三宝——三宝中的佛将其经过长期修持后所得的开悟的方法，以及从悟境中产生的智慧的语言，毫无保留地告诉了我们。那些修行方法及智慧和教训，便是法宝。一代一代切实地修行佛法并且传播佛法的人，便是僧宝。僧宝之中，将佛法传授给你或用佛法来指导你修行的人，便是你的师父（master）。师父属于僧宝，他却具体地代表并象征着三宝的全部，故在唐代的禅宗初期的寺院，不建佛殿，独设法堂，师父（被称为堂头和尚或自称为老师）便是一寺的中心，他是被全寺大众所依止并实际信仰的对象。

三宝之中以僧为对象，以法为重心，以佛为根本，缺一不可，而以你的师父最要紧。所以信三宝，必须信师父，师父并不仅是那个教授你佛法的人，而是代表着他所教授你的佛法的正确性和崇高性，因为佛与法是抽象的，师父代表着三宝，乃是具体和实际在你面前出现的。如对师父未能有十分的信心，修行要想进入悟境是相当难的。

法宝虽是抽象的，它的理论观点却是非常明确的，佛法（dhama）的基本理论是“因果”及“因缘”。所以，信仰佛法的基本要求，便是要信因果、信因缘。深信因果，才不会对自己的努力失望，也不会对他人的成就生妒忌心。有努力必有成就，若未见有显着的成就，那是表示努力的程度尚不够，现今的努力，加上前世的努力，方是努力的总和。深信因缘，方能接受“空”的道理，唯有空去了对于一切事物的虚妄执著，才能从自私的小我及骄傲的大我，得到解脱，否则，你的信心，跟凡夫执著自私的小我，外道的宗教家执著神性的大我相同，无法进入禅的悟境。

信自己——深信自己的本性与诸佛的佛性完全一样，只要努力修行，精进不懈，一定能够明心见性，那个便是清净无染的诸法空性。如果自信不足，修行仍然有用，会增长善根，渐渐地建立起自信心来。

2. 大愿心——在修行之前，在修行期间，必定要发起大愿心来。愿有通愿及别愿，通愿是四弘誓愿，凡是学禅的人，若不发四弘誓愿，纵然得定，也不能得禅；别愿则除四弘誓愿之外，另外随着个人的心愿如何便发何愿。所谓四弘誓愿是：

众生无边誓愿度——禅的修行者，目的在于放下自私的小我及骄傲的大我，所以修行一开始，就要发愿度众生。自己修行固是为了广度一切众生，也愿一切众生皆因佛法得度生死苦海。

烦恼无尽誓愿断——度众生必须自除烦恼，同时也助他人断除烦恼。生死之苦，是从烦恼产生，烦恼不外来自个人的心理的、生理的、社会关系的和自然环境的。人有种种因缘、种种烦恼，然以心理的烦恼为其根本，所以发愿断烦恼的愿力，其本身就是一种最好的断除烦恼的方法。

法门无量誓愿学——作为个人修行的方法，应当一门深入，不宜杂修杂行。一门深入，只要方法的本身没有错误，持久修行，必有效果；杂修杂行，能够成就善业，不易成就解脱业。但在任何一门修行方法之中，也必含有无量法门。同为修行禅的方法，禅虽以无门为门，由于众生根机千差万别，禅机的运用也是因人而异，因时而异，因地而异，所以，为了自度以及度人，必须博学无量法门。

佛道无上誓愿成——以无量法门断无尽烦恼，度无边众生之后，无上的佛道也必自然成熟。所以禅的修行者，以度众生为最要紧，誓愿成佛乃是最后的目标。

以上的四大弘愿之中，实已包括了作为一个伟大的禅者所应具的各种条件：能度无边众生，是大慈悲行；能断无尽烦恼，是大勇猛行；能学无量法门，是大智慧行；能成无上佛道，是大无畏行。

3. 大愤心——即是大精进心，此系从大惭愧心引起，自觉业重、障多、善根浅、福薄无智，所以，迄今尚在生死的苦海中浮沉。人身难得，佛法难闻，明师难遇，如今幸得人身，既逢佛法，又遇明师，若不及时尽力修行，人命无常，仅在呼吸间，一失人身，千劫难复，所以要痛下决心。如释迦世尊，已到最后身菩萨的位子，在菩提树下，开悟之前，仍得发大愤心，而说："若不成无上正等正觉，绝不再起此座。"何况我们是初学的禅者呢？唯有发了大愤心，始能克服一切心身的障碍，不再担心一切的痛苦，不再骄纵自己、原谅自己，而把心力专注在所修的方法上。

4. 大疑情——生死未了，如丧考妣，悟境未现，如粪中之蛆；悟境不透不深，生死依然不能了脱。悟境本身即是智慧，未悟之前，不知悟是什么，也无法揣摩智慧是什么，虽然有一对肉眼，对于智慧的领域，仍如一个生来的盲者，跟前只是一团漆黑，如处黑漆桶中，桶外的世界固然茫然不知，桶内是什么，也无从识别。虽然从佛法的理论上，已理解到"无"或"空"的定义，"无"与"空"的实际情况，自己尚没有身历其境，尚没有亲自经验。所以要用修行的方法来达到经验这个悟境的目的。

大疑情，便是用一句话头，比如"什么是无"，又如"万法归 ， 归何处"，又如"未出娘胎前的本来面目是什么"，或如"念佛的是谁"等。紧紧把握住一句话头，不用思想，不借外缘，不得间断，不能疏忽，一直问下去，好像一口咬着一个滚烫的糯米团，或像鱼骨梗在喉头，既不能吞下，又吐不出来。久久，工夫自然成片，一旦思言路绝，心识顿断之时，悟境便在你的面前出现了。

三、魔境是什么

所谓魔境，是指修行过程中的种种障碍、困扰、诱惑、打击等。也就是恶魔扰乱修行者的现象，称为魔境。事实上凡是美举，多有阻力，克服了阻力而后完成的美举，则当更美。凡有佛事，当有魔事相伴，无魔障则不能显出修行佛道之不易，无魔事也无从锻炼修道心的坚定意志。可知，虽然人皆厌恶魔障，作为一个伟大的禅者，不唯不惧魔障，而且要感谢魔障的光临。当然，对于初学的禅者，魔障是恼人的事，如果多了，就很容易使人放弃修行。

魔境大致可分作两类：

（一）身心反应的魔境

由于生理及心理的不能适应修行的要求，或者由于打坐用心，而使得身体的某些部分发生疼痛、奇痒、麻痹、或冷或热、或舒适异常，使得修行者无法继续用功。有时候由于疲倦、昏沉、烦躁，也使得修行者无法继续用功。凡是参加过禅七修行的人，几乎都曾有过上述的魔境，有的人在打坐一天下来，就有心灰意冷之感，因为不用功尚不见心散乱心昏沉，一打坐竟发觉自己是一个无法控制自己身心的人，不是散心不敛，便是昏沉不明，有时虽觉得无甚杂念也非昏沉，却在一片空白的无记心中。这样的情况，会使得修行者认为自己根器太钝，不是学禅的材料，因而退心。第二天下来，修行者所感受到的是膝盖痛、脚痛、背痛，悟境的消息，尚不知在何处，只感到修行太苦，悟道的路太远，所以屡次想着是否应该中止这种看来相当愚蠢好笑的修行生活。

另外，由于用功已着到一点力时，可能会产生种种幻觉，幻觉也有深浅和真假。

浅的和假的幻觉之产生，如同普通梦境之成因，普通做的梦，大致是在将要睡熟而尚未能睡熟之时，或在已经睡足将要醒来而尚未曾清醒之际，最容易做梦。幻觉则在修行者的心念将要收摄成为一念，或心念渐渐沉静而其体力心力已经疲乏之际，此时不入昏沉，却起幻觉。多半是幻听、幻视、幻嗅，有时也会有幻触的。浅的幻觉，即是假的，并无真的外境，修行者在感觉上却是真的有见、闻、嗅、触等的实感。有的是可怕的幻境，有的是可悦的幻境，如果修行者以幻为真，便成修行的魔障，每次入座后，不是恐惧着恶觉再来，便是期待着乐觉再来。凡有恐惧心或忆念期待心，你便不能把心力放到修行的功夫上，甚至也不能继续打坐了。

深的幻觉，便是真的，由于心念将要统一，身体的状况也渐入佳境，神经的感觉特别灵敏，也就是心意的周率波段，选择力渐渐精微深细，可以用心力偶然听到平时所不能听到的远距离声音或极低声音与极高声音，也可能见到平时所不能见到的远距离事物、被遮隔着的事物、极轻微的物体。修行者有了这样的能力，往往会误以为自己已得神通，已成圣果，喜不自胜，乐不自禁，欣喜若狂，结果，不是无法继续做进一步的修持或失去了这种能力，便真的惹来心外的魔鬼，为魔所乘，成了魔鬼惑人的工具。因其不是神通，所以仍属于幻境的范围。

总之，不论真假，均宜不为所动，继续修行，最为妥当。

真的幻觉之中，另有一项极难克服，便是生理上的性欲冲动。凡是不知厌离男女欲而修行禅定的人，当其修至身心舒畅之际，如果不小心而将心念有意无意地引到生殖器的范围，便会产生性冲动的现象，此当仍以心力将之引上你所修的方法上最为稳当。我有一个美国学生，他在平时，经常有性冲动的生理自然现象，在禅七中他告诉我，我教他的修行方法，使他无暇注意到生理问题，偶尔发生了一两次，也被修行的方法很快地引走了。

（二）心外来的魔境

凡有一人发出离心，发菩提心，真心向道，修行佛法，魔宫便会震动，魔王心中便着急。只要有人成菩提道，不仅少此一人永不着魔业，永不进魔道，永不受魔使，并且影响魔子魔民，脱离魔王统治。所以，若真修道人，没有魔境的阻挠，乃是不可能的事。虽如释迦世尊，成道之前，仍得有降魔的阶段。

外魔干扰，一定是对已经修道而且将要得力的人；不过如果你的心内无魔，外魔便无从下手，所以，修道的人，当知魔事魔境而须不惧、不着、不受、不拒、不为所动，你便能够克服一切的魔障。

我在山中修行之时，曾数度遇到魔境。有一夜，正在静坐中，忽闻有山雨欲来风满楼的狂风暴雨声，心中念动，恐怕我种的几株花草会被风吹折，正想起身，却发觉天空是月明星稀的一片好风光。我上了魔境的当，再要打坐，却不能定下心来了。又有一次在大白天，我正在用功，突然一声枪响，我茅棚的玻璃窗被击穿了一个洞，子弹应该飞到我身上，我却没有受伤，我猜想这是哪家猎人在我茅棚周围狙击鸟雀或者发现了野兔之类的猎物；我又想这是魔境，决心不起身，不去理它，但却一连数日，总是觉得仍有猎户人家在我的周围狙击猎物，时常意识到窗子再被打上一枪。决意不被魔扰，结果受扰更多！另有一次的深夜，忽然听到巨树倾倒的声音，随后又有许多巨鸟扑翅起飞的声音，我明知这是不可能发生的事，心头仍然受到震动，很想起身查看一番，那时我的身体虽未动，心湖却已风起云涌了。因此，禅的修行者，有一个原则：凡遇魔境现前，能够做到不动心，自然是好，若心已动而身依旧未动，仍不失为克服魔境的好方法，只要再把被魔境扰乱了的心，拉回到修行的方法上，魔境自然消失。如果心随境转，身随心动，那就离开了修行的方法，被魔鬼牵着鼻子走了。

各人所遇魔境的轻重多少是因修持程度不同而异，更由于知见的正确度的不同而异，所以禅宗有一句名言："贵见地，不贵行履。"如果知见正确，虽遇任何魔境，也不致落入魔道。所谓正知见，便是明因果、识因缘。明因果便不致受魔诱惑，为魔嗾使，偏走捷径，行不善业，曲解佛法，自害害他，而还以为代佛宣化，或以为即身是佛。识因缘便不致受魔境所迷，被魔事所骗。明因果，不落于邪恶的顽空；识因缘，不落于虚妄的幻有。

禅的修行者只要有一丝欣求心或厌恶心，就很容易引来外魔。外魔的种类也很多，从低等的山精鬼怪，那些依草附木而生存的魑魅魍魉，各类鬼神，乃至来自大自在天的魔王，都可能利用你修道的因缘，依附你的身心，来发挥他们的魔事魔业。

所谓魔事魔业，使人丧心病狂、残杀生灵者，固是；使人行医治病、预言凶吉者，也是。凡是扰乱你无法继续修行智慧道而了生死业的，不论是助你行善或者命你作恶，都是魔，只要使你离开禅道的，便是魔。所以，魔王以及他的魔众，固可显现可怖畏相，通常则多半显现你的亲属相、善友相、福德长者相、善神相，乃至菩萨相与佛相。在许多场合，他们多以伦理道德教人福国佑民，也能宣说部分佛法的义理。但其有个共通的特性：使你贪功着相，无法进入悟境。魔境使你作恶而走捷径，是违背了因果的原则；魔境使你行善贪功着相，是违背了因缘的原则。如果你能坚持佛法的原则，魔王对你就无可奈何了。

因此，一个具有正确知见的禅者，在修行的过程中，唯一可做的事，是依照明师所示的方法，继续不断地，向前更向前；遇到任何进步的现象或阻挠的现象，唯一能做的是赶快把它忘掉，好像升空的火箭，要节节扬弃，到了弃无可弃，心中无物，连心也无、连无也无之际，方是最安全、最充实的悟境。否则，不论进步或退步，在修行过程中，步步都有魔境，事事出现魔相，处处都有魔影。

在《楞严经》卷九，介绍禅者可能遭遇的心外恶魔有：悲魔、狂魔、忆魔、易知足魔、忧愁魔、好喜乐魔、大我慢魔、好清轻魔、空魔、欲魔，以及天魔。天魔又于十种时机进入修行者的心中：修行者于定中心爱圆明、锐其精思、贪求善巧时；修行者于定中心爱游荡、飞其精思、贪求经历之时；修行者于定中心爱绵密、澄其精思、贪求契合之时；修行者于定中心爱根本、穷览物化性之终始、精爽其心、贪求辨析之时；修行者于定中心爱悬应、周流精研、贪求冥感之时；修行者于定中心爱深入、克己辛勤、乐处阴寂、贪求静谧之时；修行者于定中心爱知见、勤苦研寻、贪求宿命之时；修行者于定中心爱神通、种种变化、研究化元、贪取神力之时；修行者于定中心爱入灭、研究化性、贪求深空之时；修行者于定中心爱长寿、辛苦研几、贪求永岁、弃分段生、顿希变易、细相长住之时。而此十种天魔，依次是怪鬼年老成魔；魃鬼年老成魔；魅鬼年老成魔；蛊毒魇胜恶鬼年老成魔；厉鬼年老成魔；大力鬼年老成魔；山林、土地、城隍、川岳鬼年老成魔；天地大力山精、海精、风精、河精、土精、一切草木积劫精魅、或龙魅、或寿终仙再活为魅、或仙期终计年应死其形不化他怪所附年老成魔；日月薄蚀精气、金、玉、芝草、麒麟、凤、龟、鹤，经千万年不死，为灵出生国土年老成魔；住世自在天魔，及其眷属。

由此可见，禅的修行者，只要心有所缘、所念，只要一念离开修行的方法之时，就可能有魔鬼趁势而入；而且那些魔境，能够鱼目混珠，使你自己感到已经成佛，他人见你神力不可思议，也会视你如佛，其实，那不是你自己修得的能力，仅是魔鬼附身的现象。

所以，禅的修行者，在其未悟之前，乃至未有独立自主的把握之前，必须依止明师修行，唯有在明师的指导下，才可能避免恶魔的困扰及被利用。

禅定 · 禅 · 神秘主义

我想在此与大家谈谈有关“禅”与神秘主义。禅是始于中国而非印度的。很多人以为禅与禅定是一样的，禅即是禅定，禅定即是禅。事实上，禅是经过许多不同层次的禅定经验，或者毫无禅定的修持阶段而达到的一种境界。如果行者只是静坐，而未曾超越禅定的境界，那么他最多只能保持在内心统一和不动的阶段。这类行者假如进到动态和变幻的世界，将很可能失去禅定的功夫，他们内心也将进入一种迷惑、错乱的状况。假如一个人希望进入并能保持禅定的境界不退失，便需要不断地修持，最后是远离日常生活的世界，进入深山去修行，要不然，在他们卷入日常的人事干扰中，便会很容易失去禅定的境界。可是，即使他已失去禅定境界的能力，凭借着一次这样的经验以后，他也会异于平常人的。比起那些完全没有体验的人来说，他将会趋向于更稳定，并将会对这个世间有更清晰的了解。许多人称他为智者。

然而，修禅是不太一样的。最初使修行者的心达到非常集中或统一的状态，然后将这个集中的心粉碎或消失。这时心将不容易再回到它本来散漫的状况，因为心已不再存在了。但是经过一段时日后，这个人可能又回到迷惑的境界。通常我对这些修行境界的介绍是：首先从散乱心进入集中统一状态的心，这是禅定的境界，到了最后阶段，这个充满、完整、实在的心消失之时，才是禅。在禅的观点，甚至统一状态的心，也被认为是一种执著，执著于和小我私我相反的大我神我。

进入禅定的状况，自我是无限制、无边际的，但仍有一个中心为我们所执著。由于有这样的执著，便会把真与假的界限分得很清楚。经常会说他们所看到和所说的，都是真理，而其他人所说的却是谬误的。这种说法是基于个人的宗教体验，以及他从这些体验而生起的坚固信心。在他们的体验中，他们对于真与假有一个很清楚的区分，这样的人经常会感觉到他已经离去了虚假的世界而进入一个真实的世界。一种抗拒虚伪世界的感觉将会生起，于是他不愿再回到他以前的状况，而希望保持在这个真实的状态中。因此，在这种排拒虚假，坚持实际的挣扎之中，摩擦将会发生于这两种相对的世界。

禅，并没有真的或假的世界，也不会倾向于真实或排斥虚假，禅完全包含了真与假，因为它们是平等不二的。因此，禅宗有许多公案，若从平常的角度去看，似乎是自相矛盾，或者不合逻辑的，这是禅宗的一个特色。我自己经常这样提示我的学生："鸟在深海里游，而鱼在高空中飞。"这是胡扯吗？实际上，鸟与鱼，本来是没有名称的，在没有分别心的情况下，为什么不可称鸟作鱼？我们的生活也正同如此的情况，那又有什么需要去寻找一个真实的世界？为什么我们硬要把世界看成一团糟和不快乐呢？有了假才有真，见到真便有假，真假等视，真就存于假中了。

每个个体的存在是实际存在的，一切法的存在也是如此。现实是不必也不应与虚幻的现象分开的。禅即是如此，超越了平常又回到平常的世界。纵然知道这些，我们还是不能够说我们已明白什么是禅。一般人要了解禅的话，必须首先将心念修行至统一集中的状态，然后，将这种状态抛开，而返回到平常的世界来。到了这个阶段，才是真正的解脱与自在，与此同时，他又活跃地参与这个世界。

因此，若把禅与神秘主义拿来比较，我们可以说，禅者经历了神秘经验，但禅本身并不是神秘主义，而是踏实、平凡的生活。

因为当一个人深刻地经验了统一心的状态或者得到了禅的体验，便不会将这些经验视为不可思议或不平凡，相反的，这种经验将被视为实际和真实的，并没有什么神秘可言，只是正常、平常的生活。因此，站在这个角度，我们可以说，在普通一般迷而未悟的人所看到的，以为是不可思议的神秘经验，对一个已经达到统一心境或证得禅境的人而言，却是一个真实、平常、正常的世界。所以依我的看法，若在修道的立场来说，根本没有神秘主义这种东西，如果有的话，只是学术用语中的一个名词。

禅 病

通常人有对自己、别人、众生和寿命四种错误的执著，而这四种相都源于对“我”的执著。现在，我们以一个禅修者的观点，经由不同的禅修阶段来体验这四相的存在，并试着了解一个禅的修行人，有这四相的执著时，会发生什么问题，以及解决这些问题的办法。

这可分成三点来讨论。第一点，我们来看看这四种错误观念所造成的我执，是如何显现在禅修者的行为上；第二点，我要告诉各位，一个有经验的修行人其修行过程和有助于他避免偏差的方法是什么；而第三点，我们要大致说明禅修者在修行过程中应有的态度。

已经禅修多年，并且修行有成就的人或许认为自己已经达到了 pure wisdom 的程度，达到我执已破、入涅槃的境界。其实，一个人要是认为自己已经开悟了，一定是还没有悟。这种人还有我执，有一个开悟的“我”，这是我执的明证。

悟不是目标，不是感觉，也不是可以达成的境界。悟如果是这些的话，就是有形有限的，因此还是虚幻的。要是把悟看做目标，并有个“我”得到悟境的利益，那么离智慧还很远。

听完我说的话，你或许会认为你懂。可是一个初学的人很难理解这些经验所带来的喜悦。假设经过长时间的修行之后，你体验到“无我寂灭”的感觉，这时候，你的内心狂喜不禁，你可能会感叹：“真的破我执、入涅槃了。”但是你果真进入涅槃了吗？既然还有入涅槃的“我”存在，那么最高的境界就还没达到。但是这种体验的震撼太大，连有经验的修行人都可能受骗。

这是第一个例子，说明错误的我执所产生的偏差。现在来看看第二个例子。

假设一个人修到我执、法执皆破的境界，他会感到完全放松、无拘无束、天人合一，而不在乎天与己的关系，因为他的我执已经没有了。他的境界不是喜悦，而是自在；他不会欢喜跳跃，也不会大叫涅槃已成。但是不管修行人自己认为已经得到了什么，这种情形还是有我执。

达到这种境界的人，一旦从境界中出来，他可能会扬言他了解了涅槃，他已经见到了佛的法身，他已经得到了究竟圆满的智慧。如果你的静坐功夫比不上他而反驳说：“少讲废话，你只是在鬼混。”他极可能辩赢你，因为这种修行人往往很执著他的成就；你不信他，他就会很懊恼。他可能会回答说：“你没有我这种经验，所以你不懂。”

更糟的是，旁边也许正好有人自认对涅槃的了解，以及自己的修行成就与经典所言完全吻合，从而肯定这位修行人的话。这个旁观者可能会说，因为他也经历过类似这个修行人的经验，所以，他可以肯定这些经验的正确性。第一个修行人听了一定很高兴，认为支持他的论调的人，才是真道友也。

据说入了涅槃就放得下，很自在。这位修行人听到赞美就高兴，被骂就懊恼，这算什么自在？他的涅槃似乎大有问题。或许这位修行人听到这个结论的时候会这样回答："我对褒贬的反应纵然不同，但这不是为了自己，既然我的我执已破，我实在一点都不在乎。不过，为了维护佛法的尊严，我谴责违反佛法的人，赞扬符合佛法的人。"

我们还能怎么说？要评估这种人的成就是不可能的。重要的是，如果因为得了这种境界就认为："哇噻！我已证涅槃、破我执、入佛智啦！"那么他就没有入涅槃。涅槃、轮回、时间，都如梦般消失才是入涅槃；无乐无悲，心中定静才是入涅槃。

说悟也是梦，或许听起来很怪，了解轮回也许比较简单。但是要说两个一样是幻的话，那么修行人所走的，无疑是一段无奈的历程，因为他拼命地要摆脱一场梦，为的只是步入另一场梦。其实，悟本身不是梦，悟的概念、悟的成就才是真正的梦。所以轮回中的众生活在梦中，这个梦里悟的观念，事实上不过是一个执著的对象而已。一旦真正悟了，悟就不再是梦，悟就不再存在。真正开悟的时候，悟就消失了。

修行人就好比一个攀登琉璃山的人，山又陡又滑。登山的人打着赤脚，而更糟的是，满山都上了油，所以他每次奋力爬上去就滑下来。

他锲而不合地爬，爬到筋疲力尽，倒下来睡。睡醒以后，山都不见了。他发现他所做的努力只不过是场梦，根本没有必要爬，也没有进步可得。但是在梦里，确实有一座山，而修行人如果在梦中没有尽力去做这不可能的事——爬上那座山——他就无法梦醒。

因此，修行佛法的时候，必须想办法脱离轮回证到涅槃（尽管这是不可能的事，因为两个都是虚幻）。如果在修行过程中你体会到这种开悟的境界，要记住，这还是梦。

到目前为止，我们谈到的是那些执著我的存在，自认已经开悟的人。我们的第三个例子，要检讨相反但同样是错误的情况。在这种情况下的修行人说他对于褒贬、俗事，甚至自己的修行，都毫不动心，因为他了解没有涅槃，也没有一个可入涅槃的我，并且世界也只不过是毫无意义的梦幻泡影。这种观点相当糟糕，而对修行人来说，可能比前面所说的两种误解还更危险。

在前两种误解的情境下，修行人死后也许可以到因修禅定而抵达的各层天去，但是第三种修行人的误解却引诱他停止修行。假使他继续修行，也可能有福气进入无色界；可是如果他认为一切都是假的，所以一切都不重要，而中止修行的话，死后就会堕入畜生道，无法进入天、人两道。他的堕落是因为愚痴。

大家不要以为这三种误解都是稀见少有的（精进的修行人很容易遇到上述的境界）。因此，你可以了解一个师父有多重要，他能引导学生避开这些陷阱。没有这么一位向导，修行人虽然自信修的是佛法，却很容易走偏。

坐禅的功能

一、坐禅即财富

近世以来，由于科学的长足进步，为人类解决了不少自然环境、社会环境以及生理和心理等各方面的难题。但是，等待着我们去解决的难题，也随着人类物质文明的发展而越来越多。实际上，直到地球毁灭的那天为止，自然环境带给人类的难题是不可能全部克服的，直到我们的肉体死亡的那一瞬间为止，对于身体的机能是无法完全控制的。至少，人类无法阻止太阳热能的渐渐消失，所以，地球的衰老与毁灭，将是无可避免的事。又由于人类无法阻止生理机能的渐渐老化，所以，肉体生命的必将死亡，也是无可避免的事。

然而，当地球尚可为人类居住的一天，我们应该设法改善自然环境，使之更有利于人类的生活与生存；当我们的肉体生命尚继续活着的时候，我们就该设法改善身心的健康，使我们生活得更舒适愉快。这虽是现代科学的课题，但却不能将此责任交给现代科学，因为推动科学，要依赖人类的智能和体能，要想发掘潜在于人类身心深处的最高智能和体能，唯有坐禅才是最好的方法。

坐禅的方法虽是源于东方人的智慧，事实上，不论东方或西方，凡是伟大的宗教家、哲学家，杰出的政治家、科学家、艺术家等，多少均得力于若干禅的功能，即使未必采取特定的坐禅姿势或坐禅的名称，就他们发挥出超乎常人的智力和毅力的本质上说，与坐禅的功能是相应的，只是他们不知道那是出于禅的功能而已。由于他们的天赋高于常人，故在不自觉的情形下，能够得到若干禅的功能，使他们成为杰出的伟人。

我们既已知道坐禅是发掘并发挥人类潜在智能和体能的最佳方法，所以通过禅的训练不难把普通人改造为杰出的伟人，将天赋低的人变优秀，体魄差的人变强健，优秀者使之更优秀，体魄强健的变得更强健，使人人皆有成为完人的可能。所以，坐禅是健全人生、建设社会、改善一切环境的最佳方法。对常人而言，坐禅可以坚强意志，改变气质。在生理方面，可以得到新的活力；在心理方面，可以得到新的希望；对周遭的一切环境方面，可以得到新的认识。因此，坐禅能使你获得一个崭新的生命，能使你发现你是多么的幸福、自由和生气蓬勃。

坐禅的功能，主要是由于心力或念力的集中于某一个抽象或具象的念头而来。所以，行、立、坐、卧的任何姿势，均可能发生禅的反应。不论是沉思、默祷、礼拜、读诵，乃至细心的审察、凝神的倾听等心无二念之时，均有发生禅之反应的可能。然而此等状态下的禅的反应，是可遇而不可求的，对于绝大多数的人是不易发生的，纵然在极少数人的身上，偶然发生一两次，却无法求其经常发生。

正因如此，发源于东方的禅的修习方法，便成为必要的了。如果你希望得到它，而去跟随一位禅的老师学习的话，这方法将使得可遇而不可求的禅的经验，成为人人皆有机会获得的财富。

二、可贵的人身

求取禅的经验，不限定采用某种特别的姿势，比如正在病中的人，生理机能有残障的人，或者工作特别忙碌所谓席不暇暖的人，他们可以躺在床上、坐在轮椅上，或在巴士站、电车站、车上、工作房等的任何地方，或立或坐，均可照着老师所教的禅的方法，做数分钟乃至数小时的练习。

效果最大、见效最快的方法，当然是采取双腿盘坐的姿势。初开始学坐禅的人，尤其是中年以上的人，若想把双腿盘坐的姿势坐到驯熟，并且享受到坐禅的乐趣的程度，必须先有忍耐两腿疼痛及麻痹的心理准备。两腿的痛和麻，也正是初坐禅者和他自己的怯弱面作艰苦战斗的一段历程，当他通过了这段历程时，至少他的意志力，已战胜了他的畏惧艰难而不敢面对现实的退缩心理。在人生的境界上，他已悄悄地向前迈进了一步。

在所有的动物之中，唯有人体的构造，能够采取盘腿而坐的姿势。所以，坐禅的方法，只对人类而设，坐禅的利益，只有人类才有机会享受。

我们应该庆幸能够生而为人，也该珍惜我们得到的人身。因为，从坐禅的实习之中，可以得到三大利益：一、坚韧的体魄，二、敏捷的头脑，三、净化的人格。所以释迦牟尼佛经常对其弟子们赞叹人身的可贵，并且强调，从天上至地下的各类众生之中，唯有得到了人身的众生最适合修行佛道。

三、科学家所见坐禅的功效

坐禅的好处，是因身心的反应而被发现。根据日本京都大学（Kyoto University）心理学教授佐藤幸治（SatoYukimasa）博士所着《禅のすすめ》（Zen Nosusume）中的报告，坐禅有十种心理、生理方面的效果：

（一）忍耐心的增强。

（二）治疗各种过敏性疾病。

（三）意志力的坚固。

（四）思考力的增进。

（五）形成更圆满的人格。

（六）迅速地使得头脑冷静。

（七）情绪的安定。

（八）提高行动的兴趣和效率。

（九）使肉体上的种种疾病消失。

（一〇）达到开悟的境地。

又根据日本的医学博士长谷川卯三郎（Hasekawa UZaburo）所着《新医禅学》（Shinizengaku）中的报告，提出了坐禅的十二种功效，治十二种疾病：

（一）治疗神经过敏症。

（二）胃酸过多及胃酸过少症。

（三）鼓肠疾。

（四）结核病。

（五）失眠症。

（六）消化不良。

（七）慢性胃下垂。

（八）胃、肠的 Atonie。

（九）慢性便秘。

（一〇）下痢。

（一一）胆结石。

（一二）高血压。

坐禅的最高目标，固然在于转迷成悟，但如果一开始便高谈迷悟的问题，除了极少数根基深厚的人之外，对于大多数的人而言，是不切实际的。所以我们不得不借助科学的研究报告，向读者介绍坐禅对于身心所能产生的效果。此对于已有实际坐禅体验的人没有用处，对于希望尝试坐禅的人则有指导作用。

四、身心安全的保障

人们在日常生活中，对于自己身心了解的程度是极其有限的，一个人在心理活动方面，每天究竟有多少念头波动起伏，固然无暇审察，即使刚刚滑过的一分钟之间，有过多少什么样的念头？主要的一两个，或许尚有点印象，许多微细的、一闪即逝的念头，就弄不清楚了。再从生理的活动方面探讨，细胞组织的新陈代谢，生灭不已，从常识上说，你是知道的，从感觉经验上说，你是无法知道的。当然，我们也没有把这些问题弄清楚的必要。

重要的是，处身现代工商业社会中的人们，不论从事学问或其他职业，不论为个人谋生活或为大众谋福利，处处均需要运用高度的智能及强韧的体能。但是，人们却很少知道在其智能及体能的宝库深处，有着很大的漏洞，将大量的能源无谓地漏掉，同时，又不能生产出应该可以生产的足够能源来。这可称为能源的浪费，也是生产量的停滞，既未尽力开源，也未能适当地节流，实在是极其可惜的事。

这个漏洞是什么？就是各种杂乱的妄念，消耗了体能，降低了智能，妄念之中尤其是使情绪激动的强烈欲望、愤恨、傲慢、失望等，均能使生理组织发生震撼而失去平衡的作用。假如学会了坐禅的方法，你就能够减少那些杂乱及无益的妄念，使你的头脑经常保持轻松与冷静的休闲状态，当需要用它来解决问题的时候，便得以充分地发挥它的最高功能。又能使你的全身各种内分泌腺，保持着相互调配、合作无间的工作状态，促进交感神经系统与副交感神经系统相互作用。

比如交感神经系统的脑下垂体、松果腺、耳下腺、胸腺等，有收缩血管、升高血压，使得全身的兴奋机能活跃起来的功能；

表现于外，则为反应机警敏感等的功效。副交感神经系统的副肾、卵巢、睾丸、胰脏等的内分泌腺，有扩张血管、降低血压、缓和兴奋机能的作用；表现于外，则为沉着稳定的功效。两者的优点相加，便可形成完美的人格，偏于任何一边，均有它的缺陷。

由于工作紧张、用脑过度，或者由于某种外来因素的刺激，不论是狂喜、暴怒等，均能使血管收缩、脉搏跳动的次数增加、血压升高、呼吸急促，结果，便可能形成脑溢血、失眠、心悸、耳鸣、神经过敏、消化不良等病症。这是因为当你的情绪在剧烈地激动之时，你的血液中，由于内分泌腺的工作失去了平衡，所以出现了毒素。

内分泌腺在正常状态下是促进人体健康的，若失去平衡，便会对人体健康亮起红灯。坐禅的功效，能使人将浮动的情绪，转化为清明而平静的情操，临危险，不恐惧；逢欢乐，不狂喜；得之不以为多，失之不以为少；逆之不以为厌，顺之不以为欣。所以它能成为你身心安全的保障。

五、身心的调和及解放

说得更清楚些，人体的交感神经系统与副交感神经系统，应该经常保持平衡发展，否则，除了在生理上的不健康之外，在心理及性格的发展上，也是不健康的。如果偏于前者，他将是敏感、自私、急躁、易怒和缺少友善、不得人缘的人；如果偏于后者，他将是浑厚、老成、乐天、和善的人。

前者发展的结果，好的一面，可能成为孤傲的哲学家、精明刚强的军事家、愤世嫉俗的书生；坏的一面，则可能成为刚愎自用、暴戾成性、顽劣不羁的人物。后者发展的结果，好的一面，可能成为悲天悯人的宗教家、宽宏大量的政治家、胸襟开朗的艺术家等；坏的一面，则可能成为没有理想、不辨善恶、不明是非、为人处事缺乏原则的烂好人。

当然，如果仅仅偏于一边的发展，那是必定倾向坏的一面，如已从好的一面现出特色，必定多少是得力于两者的调和。

坐禅，是协调全身的组织机能步上正常的工作，并助其发挥最高功能的方法。下手处是以调身、调息和调心的方法，减轻交感神经系统的负荷，冲淡主观意识的影像，将自我中心的界限渐渐向外扩大，乃至忘却了自我的存在，主观意识便会消融于客观意识之中。到了这种境界的人，种种的烦恼虽未彻底解除，对他已不会构成身心健康的威胁。

贪欲、嗔恨、不反省自己、不原谅他人、不分析事理而成为烦恼的原因，即在于主观的意识太强烈，以为他虽与一切事物相对立，一切事物均不应与他的主观意识相违背。未得之时，他要追求；求得之后，可享受之事物唯恐失去，可厌的事物又唯恐脱不了手。求不到时，固然烦恼，求到之后，依然受着各种烦恼的包围。

唯有坐禅的方法，可将人们从自我中心的主观心态，渐渐地转变为客观心态，从主观的烦恼陷阱之底提救，冉冉上升至客观的自由世界，因而得到身心的解放。

六、长寿、愉快

减轻交感神经系统的负荷，与呼吸很有关系。常人均以肺部为呼吸的重心，坐禅的人，则将呼吸的重心移至小腹，我们称它为丹田、气海，目的在以腹压为媒介，再以意志支配副交感神经系统，扩张血管，降低血压，松弛兴奋机能，大量分泌 Acetylcholine，产生镇定、安静、解毒的作用。

呼吸的重心由胸部移至小腹，不是一两天的工夫可以办到的，有些教瑜伽术及气功方法的人，即主张以腹式呼吸来达成这个目的。不过，那种方法，并不能适用于所有的人，有些人的生理机能，由于先天或后天不同，如硬用强制手段做腹式呼吸的练习，便可能导致疾病。

安全的方法是顺乎自然，将注意力集中在呼吸上，勿求急功，保持平常呼吸继续练习下去，日子稍久，呼吸的速度自然缓慢，次数自然减少，深度也自然向下延伸。有一天，你将会发现你的呼吸重心已从胸部下降到小腹去了。

腹部呼吸，能使储存在肝脏及脾脏内的血液，输送到心脏以发挥其功能。肝和脾有造血并储血的功能，在这血库之中，藏有人体总血量的三分之一，心脏及全身的肌肉内各有三分之一。肝和脾的血液，平常不进入循环系统，只有在必要时，才适量地补充心脏内血液的不足。腹部呼吸，则等于为人体增加一个辅助心脏，使得循环系统内的血液量增加一倍。

血液量增加，输送营养的功能加强，能使已经萎缩了的细胞组织，被赋予活力而健全起来，使得闭塞而将死的细胞组织，渐渐地复苏而被赋予再生的机能。正因如此，坐禅能够治病，能够破除种种所谓奇难杂症、慢性病的病灶。

当你患了医药不易奏效的怪病之时，不妨学习坐禅。坐禅虽不能像割除盲肠那样，使得患者手到病除，但是它能安定你的情绪，减少你对疾病的恐慌及畏惧，也能减轻你痛苦的感受。纵然人的生理机能有其一定限度的寿命，坐禅不能使你永远不老不死，但它能够使你活得较久、活得比较愉快有趣，这是可以办到的事。

七、培养完美的人格

完美的人格可从教育、艺术、宗教等熏陶之中养成，但并不完全可靠。有些人迫于名利及权势等欲望的诱惑，接受了教育、艺术、宗教的熏陶，在人前也能表现出高尚的人品和圣洁的行为，他们的内心却包藏着不可告人的熊熊野心和阴谋诡计。这些人，我们称之为“双重人格”。

因此，世间有受过良好教育的伪君子，也有藏形于教会之内、列身于教士群中的魔鬼。因为，不论是宗教的教条、教育的伦理、艺术的欣赏，均系外来的灌输，甚至是权威的高压，这些与个人内在的欲求，未必都能够吻合。

坐禅是培养完美人格的最好方法，它是由于内发的自觉，而达到人格升华的目的，不需教条来施予任何压力。伦理、道德，对于坐禅的人是没有用处的东西。而且，宗教的教条、伦理的标准、道德的尺度，均会由于时代、环境及对象的不同而失却其可通性。所以，近世以来的新兴宗教之出现，几乎如雨后春笋，乃至佛教也不例外，出现了变种。

禅虽脱胎于佛教，因其不假外缘，不立文字，故系万古长青的修行法门。坐禅的实践，是将“自我”这样东西，像剥芭蕉树一样地，一层妄念又一层妄念剥光之后，不但见不到一个装模作样的我，连一个赤裸裸的我也见不到。起初是将自我暴露出来，最后则根本无物可让你暴露。

所以坐禅的人，不必向别人掩饰什么，也不必为了改造自己而感受到来自外在的压力，更没有像忍受着痛苦割除毒瘤那样地挣扎的必要。

坐禅，只是循着修习的方法，渐渐地将妄念减少，乃至到了无念的程度，你自然会发觉你过去的存在，只不过是存在于一连串烦恼妄念的累积之上，那不是真正的你。

真正的你，是与一切客观的事物不可分割的，客观事物的存在，是你主观存在的各部分而已。所以你不必追求什么，也不必厌弃什么，你的责任是如何将你的全体建立得更有秩序、更完美。

坐禅的人，到了这样的程度时，他将是一个热爱人类的人，也将是热爱一切众生的人。他的性格，将会开朗得如春天的阳光；纵然为了接引及教化方法的运用，在表情上也有喜怒哀乐，他的内心则必是经常平静而清澈得如秋天的明潭。这种人，我们称他为开了悟的人，或称之为贤者、圣者。

释迦牟尼佛曾说：“一切众生无不具备佛的智慧和功德。”如果你向往坐禅者可能得到的利益，你的愿望必将成为事实。不论男、女、老、少，不分智能的优劣、体能的强弱，也不问职业、地位和宗教信仰，禅的大门是为一切人敞开的。

只是有一句极要紧的话必须告诉你，你看了这篇讨论禅的文章，这篇文章的本身，绝不等于“禅”那个东西。坐禅的实践，尚等着你下定决心，并以恒心来实际地跟着你所信赖的老师去学习，否则，这篇文章仅仅为你增加了一些知识的葛藤，无助于你希望学禅的一片好心。

附　录

参禅法要

本章所附是虚云老和尚（圣严法师是虚云老和尚再传弟子）所讲禅修的精华，依之修习，认真领会，对禅宗就会有个入处，从而深入堂奥，降伏身心，见性成佛。

参禅的先决条件

一、参禅的目的

参禅的目的，在明心见性，就是要去掉自心的污染，实见自性的面目。污染就是妄想执著，自性就是如来智慧德相。如来智慧德相，为诸佛众生所同具，无二无别。若离了妄想执著，就证得自己的如来智慧德相，就是佛；否则就是众生。

只为你我从无量劫来，迷沦生死，染污久了，不能当下顿脱妄想，实见本性，所以要参禅。因此参禅的先决条件，就是除妄想。妄想如何除法？释迦牟尼佛说得很多。最简单的莫如“歇即菩提”，一个“歇”字。禅宗由达摩祖师传来东土，到六祖后，禅风广播，震烁古今，但达摩祖帅和六祖廾示学人最紧要的话，莫若“屏息诸缘，一念不生”。屏息诸缘，就是万缘放下，所以“万缘放下，一念不生”这两句话，实在是参禅的先决条件。这两句话如果不做到，参禅不但是说没有成功，就是入门都不可能。盖万缘缠绕，念念生灭，你还谈得上参禅吗？

二、万缘放下

“万缘放下，一念不生”是参禅的先决条件，我们既然知道了，那么，如何才能做到呢？上焉者一念永歇，直至无生，顿证菩提，毫无啰嗦。其次则以理除事，了知自性本来清净，烦恼菩提、生死涅槃皆是假名，原不与我自性相干，事事物物皆是梦幻泡影，我此四大色身与山河大地，在自性中，如海中的浮沤一样，随起随灭，无碍本体，不应随一切幻事的生住异灭，而起欣厌取舍，通身放下，如死人一样，自然根尘识心消落，贪嗔痴爱泯灭，所有这身子的痛痒苦乐、饥寒饱暖、荣辱生死、祸福吉凶、毁誉得丧、安危险夷，一概置之度外，这样才算放下。一放下，一切放下，永远放下，叫做万缘放下。万缘放下了，妄想自消，分别不起，执著远离，至此一念不生，自性光明，全体显露，至是参禅的条件具备了，再用功真参实究，明心见性才有分。

三、个个立地成佛

日来常有禅人来问话，夫法本无法，一落言诠，即非实义。了此一心本来是佛，直下无事，各各现成。说修说证，都是魔话。达摩东来，直指人心，见性成佛。明明白白指示，大地一切众生都是佛，直下认得此清净自性，随顺无染，二六时中，行住坐卧，心都无异，就是现成的佛。不需用心用力，更不要有作有为，不劳纤毫言说思惟，所以说，成佛是最容易的事、最自在的事，而且操之在我，不假外求。大地一切众生，如果不甘长劫轮转于四生六道、永沉苦海，而愿成佛，常乐我净，谛信佛祖诚言，放下一切，善恶都莫思量，个个可以立地成佛。诸佛菩萨及历代祖师，发愿度尽一切众生，不是无凭无据，空发大愿、空讲大话的。

上来所说，法尔如此，且经佛祖反复阐明，叮咛嘱咐，真语实语，并无丝毫虚诳。无奈大地一切众生，从无量劫来，迷沦生死苦海，头出头没，轮转不已，迷惑颠倒，背觉合尘，犹如精金投入粪坑，不唯不得受用，而且染污不堪。佛以大慈悲，不得已，说出八万四千法门，俾各色各样根器不同的众生，用来对治贪嗔痴爱等八万四千习气毛病，犹如金染上了各种污垢，乃教你用铲、用刷、用水、用布等来洗刷琢抹一样。所以佛说的法，门门都是妙法，都可以了生死、成佛道，只有当机不当机的问题，不必强分法门的高下。流传中国最普通的法门为宗教律净密，这五种法门，随各人的根性和兴趣，任行一门都可以。总在一门深入，历久不变，就可以成就。

四、参禅与观心

宗门主参禅，参禅在明心见性，就是要参透自己的本来面目，所谓“明悟自心，彻见本性”。这个法门，自佛拈花起，至达摩祖师传来东土以后，下手功夫，屡有变迁。在唐宋以前的禅德，多是由一言半句，就悟道了。师徒间的传授，不过以心印心，并没有什么实法。平日参问酬答，也不过随方解缚，因病与药而已。宋代以后，人们的根器陋劣了，讲了做不到，譬如说"放下一切，善恶莫思"，但总是放不下，不是思善，就是思恶。到了这个时候，祖师们不得已，采取以毒攻毒的办法，教学人参公案。初是看话头，甚至于要咬定一个死话头，教你咬得紧紧，刹那不要放松，与老鼠啃棺材相似，咬定一处，不通不止，目的在以一念抵制万念。这实在是不得已的办法，如恶毒在身，非开刀疗治，难以生效。古人的公案多得很，后来专讲看话头，有的看"拖死尸的是谁"？有的看"父母未生以前，如何是我本来面目"？晚近诸方多用看"念佛是谁"这一话头。其实都是一样，都很平常，并无奇特。如果你要说，看念经的是谁？看持咒的是谁？看拜佛的是谁？看吃饭的是谁？看穿衣的是谁？看走路的是谁？看睡觉的是谁？都是一个样子。"谁"字下的答案，就是话从心起，心是话之头；念从心起，心是念之头；万法皆从心生，心是万法之头。其实话头，即是念头，念之前头就是心。直言之，一念未生以前就是话头。由此你我知道，看话头就是观心，父母未生以前的本来面目就是心，看父母未生以前的本来面目，就是观心。性即是心，"反闻闻自性"，即是反观观自心。"圆照清净觉相"，清净觉相即是心，照即观也。心即是佛，念佛即是观佛，观佛即是观心。所以说"看话头"，或者是说"看念佛是谁"？就是观心，即是观照自心清净觉体，即是观照自性佛。

心即性、即觉、即佛，无有形相方所，了不可得，清净本然，周遍法界，不出不入，无往无来，就是本来现成的清净法身佛。行人都摄六根，从一念始生之处看去，照顾此一话头，看到离念的清净自心，再绵绵密密，恬恬淡淡，寂而照之，直下五蕴皆空，身心俱寂，了无一事。从此昼夜六时，行住坐卧，如如不动，日久功深，见性成佛，苦厄度尽。昔高峰祖师云："学者能看个话头，如投一片瓦块在万丈深潭，直下落底，若七日不得开悟，当截取老僧头去。"同参们！这是过来人的话，是真语、实语，不是骗人的诳语啊！

然而为什么现代的人，看话头的多，而悟道的人没有几个呢？这是由于现代的人，根器不及古人，亦由学者对参禅看话头的理路，多是没有摸清。有的人东参西访，南奔北走，结果闹到老，对一个话头还没有弄明白，不知什么是话头，如何才算看话头，一生总是执著言句名相，在话尾上用心。看念佛是谁呀，照顾话头呀，看来看去，参来参去，与话头东西背驰，哪里会悟此本然的无为大道呢？如何到得这一切不受的王位上去呢？金屑放在眼里，眼只有瞎，哪里会放大光明呀？可怜啊，可怜啊！好好的儿女，离家学道，志愿非凡，结果空劳一场，殊可悲悯。

五、参禅的难易

古人云："宁可千年不悟，不可一日错路。"修行悟道，易亦难，难亦易，如开电灯一样，会则弹指之间，大放光明，万年之黑暗顿除；不会则机坏灯毁，烦恼转增。有些参禅看话头的人，着魔发狂，吐血罹病，无明火大，人我见深，不是很显着的例子吗？所以用功的人又要善于调和身心，务须心平气和，无挂无碍，无我无人，行住坐卧，妙合玄机。

参禅这一法，本来无可分别，但做起功夫来，初参有初参的难易，老参有老参的难易。

初参的难处在什么地方呢？身心不纯熟，门路找不清，功夫用不上，不是心中着急，就是打盹度日，结果成为“头年初参，二年老参，三年不参”。

易的地方是什么呢？只要具足一个信心、长永心和无心。所谓信心者，第一信我此心，本来是佛，与十方三世诸佛众生无异；第二信释迦牟尼佛说的法，法法都可以了生死，成佛道。所谓长永心者，就是选定一法，终生行之，乃至来生又来生，都如此行持，参禅的总是如此参去，念佛的总是如此念去，持咒的总是如此持去，学教的总是从闻思修行去——任修何种法门，总以戒为根本——果能如是做去，将来没有不成的。沩山老人说：“若有人能行此法，三生若能不退，佛阶决定可期。”又永嘉老人说：“若将妄语诳众生，自招拔舌尘沙劫。”所谓无心者，就是放下一切，如死人一般，终日随众起倒，不再起一点分别执著，成为一个无心道人。

初发心人，具足了这三心，若是参禅看话头，就看“念佛是谁”。你自己默念几声“阿弥陀佛”，看这念佛的是谁？这一念是从何处起的？当知这一念不是从我口中起的，也不是从我肉身起的。若是从我身或口起的，我若死了，我的身口犹在，何以不能念了呢？当知此一念是从我心起的，即从心念起处，一觑觑定，蓦直看去，如猫捕鼠，全副精神集中于此，没有二念，但要缓急适度，不可操之太急，发生病障。行住坐卧，都是如此，日久功深，瓜熟蒂落，因缘时至，触着碰着，忽然大悟。此时如人饮水，冷暖自知，直至无疑之地，如十字街头见亲爷，得大安乐。

老参的难易如何呢？所谓老参，是指亲近过善知识，用功多年，经过了一番锻炼，身心纯熟，理路清楚，自在用功，不感辛苦。老参上座的难处，就是在此。自在明白当中，停住了，中止化城，不到宝所，能静不能动，不能得真实受用。甚至触境生情，取舍如故，欣厌宛然，粗细妄想，依然牢固。所用功夫，如冷水泡石头，不起作用，久之也就疲懈下去，终于不能得果起用。老参上座，知道了这个困难，立即提起本参话头，抖擞精神，于百尺竿头，再行迈进，直到高高峰顶立，深深海底行，撒手纵横去，与佛祖觌体相见。困难安在？不亦易乎！

六、话头即是一心

话头即是一心，你我此一念心，不在中间内外，亦在中间内外，如虚空的不动而遍一切处，所以话头不要向上提，也不要向下压。提上则引起掉举，压下则落于昏沉。违本心性，皆非中道。

大家怕妄想，以降伏妄想为极难，我告诉诸位，不要怕妄想，亦不要费力去降伏它，你只要认得妄想，不执著他，不随逐他，也不要排遣他，只不相续，则妄想自离。所谓“妄起即觉，觉即妄离”。若能利用妄想做功夫，看此妄想从何处起，妄想无性，当体立空，即复我本无的心性，自性清净法身佛，即此现前。究实言之，真妄一体，生佛不二，生死涅槃，菩提烦恼，都是本心本性，不必分别，不必欣厌，不必取舍，此心清净，本来是佛，不需一法，哪里有许多啰嗦？——参！

参禅法要

——禅堂开示

引言

诸位时常来请开示，令我很觉感愧。诸位天天辛辛苦苦，砍柴锄地，挑土搬砖，一天忙到晚，也没打失办道的念头，那种为道的殷重心，实在令人感动。虚云惭愧，无道无德，说不上所谓开示，只是拾古人几句涎唾，来酬诸位之问而已。用功办道的方法很多，现在且约略说说。

一、办道的先决条件

1. 深信因果

无论什么人，尤其想用功办道的人，先要深信因果，若不信因果，妄作胡为，不要说办道不成功，三途少他不了。

佛云："欲知前世因，今生受者是；欲知来世果，今生作者是。"又说："假使百千劫，所造业不亡，因缘会遇时，果报还自受。"《楞严经》说："因地不真，果招纡曲。"故种善因结善果，种恶因结恶果，种瓜得瓜，种豆得豆，乃必然的道理。谈到因果，我说两件故事来证明。

（1）琉璃王诛释种的故事

释迦佛前，迦毗罗阅城里有一个捕鱼村，村里有个大池，那时天旱水涸，池里的鱼类尽给村人取吃，最后剩下一尾最大的鱼也被烹杀。只有一个小孩从来没有吃鱼肉，仅那天敲了大鱼头三下来玩耍。

后来释迦佛住世的时候，波斯匿王很相信佛法，娶释种女，生下一个太子，叫做琉璃。琉璃幼时在释种住的迦毗罗阅城读书，一天因为戏坐佛的座位，被人骂，把他抛下来，他怀恨在心。及至他做国王，便率大兵攻打迦毗罗阅城，把城里居民尽数杀戮，当时佛头痛了三天。

诸大弟子都请佛设法解救他们，佛说："定业难转。"目犍连尊者以神通力用钵摄藏释迦亲族五百人在空中，满以为能把他们救出，哪知放下来时，已尽变为血水。

诸大弟子请问佛，佛便将过去村民吃鱼类那段公案说出，那时的大鱼就是现在的琉璃王前身；他率领的军队，就是当日池里的鱼类；现在被杀的罗阅城居民，就是当日吃鱼的人；佛本身就是当日的小孩，因为敲了鱼头三下，所以现在要遭头痛三天之报。定业难逃，所以释族五百人，虽被目犍连尊者救出，也难逃性命，后来琉璃王生堕地狱。

冤冤相报，没有了期，因果实在可怕。

（2）百丈度野狐的故事

百丈老人有一天上堂，下座后，各人都已散去，独有一位老人没有跑。百丈问他做什么，他说：“我不是人，实是野狐精，前生本是这里的堂头，因有个学人问我‘大修行人还落因果否’？我说：‘不落因果。’便因此堕落，做了五百年野狐精，没法脱身，请和尚慈悲开示。”

百丈说：“你来问我。”那老人便道：“请问和尚，大修行人还落因果否？”百丈答道：“不昧因果。”那老人言下大悟，即礼谢道：“今承和尚代语，令我超脱狐身，我在后山岩下，祈和尚以亡僧礼送。”

第二天百丈在后山石岩以杖拨出一头死狐，便用亡僧礼将它化葬。

我们听了这两段故事，便确知因果可畏，虽成佛也难免头痛之报；报应丝毫不爽，定业实在难逃，我们宜时加警惕，慎勿造因。

2. 严持戒律

用功办道首要持戒，戒是无上菩提之本，因戒才可以生定，因定才可以发慧，若不持戒而修行，无有是处。

《楞严经》四种清净明诲，告诉我们：不持戒而修三昧者，尘不可出；纵有多智禅定现前，亦落邪魔外道——可知道持戒的重要。持戒的人，龙天拥护，魔外敬畏；破戒的人，鬼言大贼，扫其足迹。

从前在厨宾国近着僧伽蓝的地，有条毒龙时常出来为害地方，有五百位阿罗汉聚在一起，用禅定力去驱逐它，总没法把它赶跑。后来另有一位僧人，也不入禅定，仅对那毒龙说了一句话，“贤善！远此处去。”那毒龙便远跑了。众罗汉问那僧人用什么神通把毒龙赶跑的，他说：“我不以禅定力，直以谨慎于戒，守护轻戒犹如重禁。”

我们想想，五百位罗汉的禅定力，也不及一位严守禁戒的僧人！或云六祖说：“心平何劳持戒，行直何用参禅”，我请问你的心已平直没有？有个月里嫦娥赤身露体抱着你，你能不动心吗？有人无理辱骂痛打你，你能不生嗔恨心吗？你能够不分别冤亲憎爱、人我是非吗？统统做得到，才好开大口，否则不要说空话。

3. 坚固信心

想用功办道，先要一个坚固信心。信为道源功德母，无论做什么事没有信心，是做不好的。我们要了生脱死，尤其要一个坚固信心。

佛说大地众生皆有如来智慧德相，只因妄想执著，不能证得；又说了种种法门，来对治众生的心病，我们就当信佛语不虚，信众生皆可成佛。但我们为什么不成佛呢？皆因未有如法下死功夫呀！譬如我们信知黄豆可造豆腐，你不去造它，黄豆不会自己变成豆腐；即使造了，石膏放不如法，豆腐也会造不成。若能如法磨煮去渣，放适量的石膏，决定可成豆腐。

办道亦复如是，不用功固然不可以成佛，用功不如法，佛也是不能成；若能如法修行，不退不悔，决定可以成佛。故我们应当深信自己本来是佛，更应深信依法修行决定成佛。永嘉禅师说："证实相，无人法，刹那灭却阿鼻业。若将妄语诳众生，自招拔舌尘沙劫。"他老人家慈悲，要坚定后人的信心，故发如此弘誓。

4. 决定行门

信心既具，便要择定一个法门来修持。切不可朝秦暮楚，不论念佛也好，持咒也好，参禅也好，总要认定一门，蓦直干去，永不退悔。今天不成功，明天一样干；今年不成功，明年一样干；今世不成功，来世一样干。沩山老人所谓："生生若能不退，佛阶决定可期。"

有等人打不定主意，今天听哪位善知识说念佛好，又念两天佛；明天听某位善知识说参禅好，又参两天禅。东弄弄，西弄弄，一生弄到死，总弄不出半点"名堂"，岂不冤哉枉也！

二、参禅方法

用功的法门虽多，诸佛祖师皆以参禅为无上妙门。楞严会上佛敕文殊菩萨拣选圆通，以观音菩萨的耳根圆通为最第一。我们要反闻闻自性，就是参禅，这里是禅堂，也应该讲参禅这一法。

1. 坐禅须知

平常日用，皆在道中行，哪里不是道场？本用不着什么禅堂，也不是坐才是禅的。所谓禅堂，所谓坐禅，不过为我等末世障深慧浅的众生而设。

坐禅要晓得善调养身心，若不善调，小则害病，大则着魔，实在可惜。禅堂的行香坐香，用意就在调身心，此外调身心的方法还多，今择要略说。

跏趺坐时，宜顺着自然正坐，不可将腰作意挺起，否则火气上升，过后会眼屎多，口臭气顶，不思饮食，甚或吐血，又不要缩腰垂头，否则容易昏沉。

如觉昏沉来时，睁大眼睛，挺一挺腰，轻略移动臀部，昏沉自然消灭。

用功太过急迫，觉心中烦躁时，宜万缘放下，功夫也放下来，休息约半寸香，渐会舒服。然后再提起用功。否则日积月累，便会变成性躁易怒，甚或发狂着魔。

坐禅有些受用时，境界很多，说之不了，但你不要去执著它，便碍不到你。俗所谓“见怪不怪，其怪自败”。虽看见妖魔鬼怪来侵扰你，也不要管它，也不要害怕；就是见释迦佛来替你摩顶授记，也不要管他，不要生欢喜。《楞严经》所谓：“不作圣心，名善境界；若作圣解，即受群邪。”

2. 用功下手——认识宾主

用功怎样下手呢？楞严会上憍陈那尊者说“客尘”二字，正是我们初心用功下手处。他说：“譬如行客，投寄旅亭，或宿或食，宿食事毕，傲装前途，不遑安住。若实主人，自无攸往，如是思惟，不住名客，住名主人，以不住者，名为客义。又如新霁，清旸升天，光入隙中，发明空中，诸有尘相，尘质摇动，虚空寂然。澄寂名空，摇动名尘，以摇动者，名为尘义。”客尘喻妄想，主空喻自性；常住的主人，本不跟客人或来或往，喻常住的自性，本不随妄想忽生忽灭。所谓“但自无心于万物，何妨万物常围绕”！尘质自摇动，本碍不着澄寂的虚空，喻妄想自生灭，本碍不着如如不动的自性。所谓“一心不生，万法无咎”。

此中“客”字较粗，“尘”字较细。初心人先认清了“主”和“客”，自不为妄想迁流；进一步明白了“空”和“尘”，妄想自不能为碍。所谓识得不为冤，果能于此谛审领会，用功之道，思过半了。

3. 话头与疑情

古代祖师直指人心，见性成佛，如达摩祖师的安心，六祖的唯论见性，只要直下承当便了，没有看话头的。到后来的祖师，见人心不古，不能死心塌地，多弄机诈，每每数他人珍宝，作自己家珍，便不得不各立门庭，各出手眼，才令学人看话头。

话头很多，如“万法归一，一归何处”？“父母未生前，如何是我本来面目?”等等，但以“念佛是谁”为最普通。

什么叫话头？话就是说话，头就是说话之前。如念“阿弥陀佛”是句话，未念之前，就是话头。所谓话头，即是一念未生之际；一念才生，已成话尾。这一念未生之际，叫做不生；不掉举，不昏沉，不着静，不落空，叫做不灭。时时刻刻、单单的的，一念回光返照这“不生不灭”，就叫做看话头，或照顾话头。

看话头先要发疑情，疑情是看话头的拐杖。何谓疑情？如问“念佛的是谁”，人人都知道是自己念，但是用口念呢，还是用心念呢？如果用口念，睡着了还有口，为什么不会念？如果用心念，心又是个什么样子？却没处捉摸，因此不明白，便在“谁”上发起轻微的疑念，但不要粗，越细越好，随时随地，单单照顾定这个疑念，像流水般不断地看去，不生二念。若疑念在，不要动着他；疑念不在，再轻微提起。初用心时必定静中比动中较得力些，但切不可生分别心，不要管它得力不得力，不要管他动中或静中，你一心一意地用你的功好了。

“念佛是谁”四字，最着重在个“谁”字，其余三字不过言其大者而已，如穿衣吃饭的是谁？屙屎放尿的是谁？打无明的是谁？能知能觉的是谁。不论行住坐卧，“谁”字一举便有，最容易发疑念，不待反复思量卜度作意才有。故“谁”字话头，实在是参禅妙法。但不是将“谁”字或“念佛是谁”四字作佛号念，也不是思量卜度，去找念佛的是谁叫做疑情。有等将“念佛是谁”四字，念不停口，不如念句阿弥陀佛功德更大；有等胡思乱想，东寻西找叫做疑情，哪知越想妄想越多，等于欲升反坠，不可不知。

初心人所发的疑念很粗，忽断忽续，忽熟忽生，算不得疑情，仅可叫做想；渐渐狂心收拢了，念头也有点把得住了，才叫做参；再渐渐功夫纯熟，不疑而自疑，也不觉得坐在什么处所，也不知道有身心世界，单单疑念现前，不间不断，这才叫做疑情。实际说起来，初时哪算得用功，仅仅是打妄想！到这时真疑现前，才是真正用功的时候，这时候是一个大关隘，很容易跑入歧路。一、这时清清净净无限轻安，若稍失觉照，便陷入轻昏状态。若有个明眼人在旁，一眼便会看出他正在这个境界。一香板打下，马上满天云雾散，很多会因此悟道的。二、这时清清净净、空空洞洞，若疑情没有了，便是无记，坐枯木岩，或叫“冷水泡石头”。到这时就要提，提即觉照（觉即不迷，即是慧；照即不乱，即是定）。单单的的这一念，湛然寂照，如如不动，灵灵不昧，了了常知，如冷火抽烟，一线绵延不断，用功到这地步，要具金刚眼睛，不再提；提就是头上安头。昔有僧问赵州老人道：“一物不将来时如何?”州曰：“放下来。”僧曰：“一物不将来，放下个什么?”州曰：“放不下，挑起去。”就是说这时节，此中风光，如人饮水，冷暖自知，不是言说可能到。到这地步的人，自然明白；未到这地步的人，说也没用。所谓“路逢剑客须呈剑，不是诗人不献诗”。

4. 照顾话头与反闻闻自性

或问：“观音菩萨的反闻闻自性，怎见得是参禅?”我方说照顾话头，就是教你时时刻刻、单单的的，一念回光返照这“不生不灭”（话头）；反闻闻自性，也是教你时时刻刻、单单的的一念反闻闻自性。“回”就是反，“不生不灭”就是自性。“闻”和“照”虽顺流时循声逐色，听不越于声，见不超于色，分别显然；但逆流时反观自性，不去循声逐色，则原是一精明。“闻”和“照”没有两样。

我们要知道，所谓照顾话头，所谓反闻自性，绝对不是用眼睛来看，也不是用耳朵来听；若用眼睛来看，或耳朵来听，便是循声逐色，被物所转，叫做逆流。若单单的的一念在“不生不灭”中，不去循声逐色，就叫做逆流，叫做照顾话头，也叫做反闻自性。

三、生死心切与发长远心

参禅最要生死心切和发长远心。若生死不切，则疑情不发，功夫做不上；若没有长远心，则一暴十寒，功夫不成片。只要有个长远切心，真疑便发；真疑发时，尘劳烦恼不息而自息，时节一到，自然水到渠成。

我说个亲眼看见的故事，给你们听。前清庚子年间，八国联军入京，我那时跟光绪帝慈禧太后们一起走，中间有一段，徒步向陕西方面跑，每日跑几十里路，几天没有饭吃。路上有一个老百姓，进贡了一点番薯藤，给光绪帝，他吃了还问那人是什么东西，这么好吃。你想皇帝平日好大的架子，多大的威风，哪曾跑过几步路，哪曾饿过半顿肚子，哪曾吃过番薯藤，到那时架子也不摆了，威风也不逞了，路也跑得了，肚子也饿得了，菜根也吃得了。为什么他这样放得下？因为联军想要他的命，他一心想逃命呀！可是后来议好和，御驾回京，架子又摆起来了，威风又逞起来了，路又跑不得了，肚子饿不得了，稍不高兴的东西，也吃不下咽了。为甚他那时又放不下了？因为联军已不要他的命，他已没有逃命的心了。假使他时常将逃命时的心肠来办道，还有什么不了？可惜没个长远心，遇着顺境，故态复萌。

诸位同参呀，无常杀鬼，正时刻要我们的命，它永不肯同我们“议和”的呀！快发个长远切心，来了生脱死吧！高峰妙祖说：“参禅若要克日成功，如堕千丈井底相似，从朝至暮，从暮至朝，千思想，万思想，单单是个求出之心，究竟决无二念，诚能如是施功，或三日，或五日，或七日，若不彻去，高峰今日犯大妄语，永堕拔舌泥犁！”他老人家也一样大悲心切，恐怕我们发不起长远切心，故发这么重誓来向我们保证。

四、悟道与修道

憨山祖师说：“凡修行人，有先悟后修者，有先修后悟者。然悟有解证之不同：若依佛祖言教明心者，解悟也，多落知见，于一切境缘，多不得力；以心境角立，不得混融，融途成滞，多作障碍，此名相似般若，非真参也。若证悟者，从自己心中，朴实做去，逼拶到山穷水尽之处，忽然一念顿歇，彻了自心，如十字街头见亲爷一般，更无可疑，如人饮水，冷暖自知，亦不能吐露向人，此乃真参实悟，然后即以悟处，融会心境，净除现业流炽，妄想情虑，皆镕成一味真心，此证悟也。此之证悟，亦有深浅不同，若从根本上做功夫，打破八识窠臼，顿翻无明窟穴，一超直入，更无别法，此乃上上利根，所证者深；其余渐修，所证者浅。最怕得少为足，切忌堕在光影门头，何者？此八识根本未破，纵有作为，皆是识神边事，若以此为真，大似认贼为子。古人云：'学道之人不识真，只为从前认识神，无量劫来生死本，痴人认作本来人。'于此一关最要透过。所言顿悟渐修者，乃先悟已彻，但有习气未能顿净，就于一切境缘上，以所悟之理，即起观照之力，历境验心，融得一分境界，证得一分法身，消得一分妄想，显得一分本智。是又全在绵密功夫，于境界上做出，更为得力也。"

所以我们不论已悟未悟，解悟证悟，一样的要修学，真实行持。所不同者，先悟后修的人，如识途老马，不会走冤枉路，比先修后悟的人较为容易；证悟的人脚踏实地，不像解悟的人浮浮泛泛，也较易得力而已。赵州老人八十犹行脚，四十年不杂用心看个"无"字，便是我们很好的模范。难道他老人家还没有悟道吗？他就是要指示我们，不要得少为足，不要我慢贡高。每见有种人看了几本经书或语录，便满口"即心即佛"，什么"竖穷三际，横遍十方"，于本分上没有半点相应，诩诩然以再来的古佛自居，逢人称扬自己已经大彻大悟；有些盲从者，也附着替他吹牛，于是鱼目混珠，真伪莫辨，弄得乱七八糟，令人退失信心，甚至兴谤。近世禅宗之不振，多半就是败于这等狂徒之手。望各位痛下苦功，不要弄假，不要说口头禅，务要真参实悟，将来做法门的龙象，来重振宗风啊！

五、用功两种难易

用功人有两种难易，1．初用心的难易，2．老用心的难易。

1．初用心的难易

(1) 初用心难——偷心不死

初用心的通病，就是妄想习气放不下来，无明、贡高、嫉妒、障碍、贪嗔痴爱、懒做好吃、是非人我，胀满一大肚皮，哪能与道相应？或有些是个公子哥儿出身，习气不忘，一些委屈也受不得，半点苦头也吃不得，哪能用功办道？他没有想想本师释迦牟尼佛，是个什么人出家的！或有些识得几个文字，便寻章摘句，将古人的言句作解会，还自以为了不起，生大我慢，遇着一场大病，便叫苦连天；或腊月三十到来，便手忙脚乱，生平知解，一点用不着，才悔之不及。更有一种人，曲解了“本来是佛，不属修证”的话，便说本自现成，不必修证，终日闲闲散散，任情放逸。荒废光阴，还自称出格人，随缘自在，这种人将要吃大苦头。

有点道心的人，又摸不着一个下手处；或有害怕妄想，除又除不了，终日烦烦恼恼，自怨业障深重，因此退失道心；或有要和妄想拼命，愤愤然提拳鼓气，挺胸睁眼，像煞有介事，要与妄想决一死战，哪知妄想却拼不了，倒弄得吐血发狂；或有怕落空，哪知早已生出“鬼”，空也空不掉，悟又悟不来；或有将心求悟，哪知求悟道、想成佛，都是个大妄想，砂非饭本，求到驴年也决定不得悟；或有碰到一两枝静香的，便生欢喜，那仅是盲眼乌龟钻木孔，偶然碰着，不是实在功夫，欢喜魔早已附心了；或有静中觉得清清净净很好过，动中又不行，因此避喧向寂，早做了动静两魔王的眷属，诸如此类，很多很多。初用功摸不到路头实在难，有觉无照则散乱，不能“落堂”（功夫上轨道的意思）；有照无觉，又坐在死水里浸杀。

（2）初用心的易——放下来单提一念

用功虽说难，但摸到头路又很易，什么是初用心的易呢？没有什么巧，放下来便是。放下个什么？便是放下一切无明烦恼。怎样才可放下呢？我们也送过往生的，你试骂那死尸几句，他也不动气；打他几棒，他也不还手。平日好打无明的也不打了，平日好名好利的也不要了，平日诸多习染的也没有了，什么也不分别了，什么也放下了！诸位同参呀，我们这个躯壳子，一口气不来，就是一具死尸。我们所以放不下，只因将它看重，方生出人我是非、爱憎取舍，若认定这个躯壳子是具死尸，不去宝贵它，根本不把它看做是我，还有什么放不下！

只要放得下，二六时中，不论行住坐卧，动静闲忙，通身内外只是一个疑念，平平和和不断地疑下去，不杂丝毫异念，一句话头，如倚天长剑，魔来魔斩，佛来佛斩，不怕什么妄想！有什么打得你闲岔？哪个去分动分静？哪个去着有着空？如果怕妄想，又加一重妄想，觉清净，早已不是清净；怕落空，已经堕在有中；想成佛，早已入了魔道。所谓运水搬柴，无非妙道；锄田种地，总是禅机。不是一天盘起腿子打坐，才算用功办道的。

2. 老用心的难易

(1) 老用心的难——百尺竿头不能进步

什么是老用心的难呢？老用心用到真疑现前的时候，有觉有照，仍属生死；无觉无照，又落空亡。到这境地实在难，很多到此洒不脱，立在百尺竿头，没法进步的。

有等因为到了这境地，定中发点慧，领略古人几则公案，便放下疑情，自以为大彻大悟，吟诗作偈，瞬目扬眉，称善知识，殊不知已为魔眷。又有等错会了达摩老人的“外息诸缘，内心无喘，心如墙壁，可以入道”和六祖的“不思善，不思恶，正与么时，哪个是明上座本来面目？”的意义，便以坐在枯木岩为极则，这种人以化城为宝所，认异地作家乡，婆子烧庵，就是骂此等死汉！

(2) 老用心的易——绵密做去

什么是老用心的易呢？到这时只要不自满，不中辍，绵绵密密做去，绵密中更绵密，微细中更微细，时节一到，桶底自然打脱。如或不然，找善知识抽钉拔楔去。

寒山大士颂云：“高高山顶上，四顾极无边。静坐无人识，孤月照寒泉。泉中且无月，月是在青天。吟此一曲歌，歌中不是禅。”首二句，就是说独露真常，不属一切，尽大地光皎皎地，无丝毫障碍；次四句，是说真如妙体，凡夫固不能识，三世诸佛也找不到我的处所，故曰无人识。“孤月照寒泉”三句，是他老人家方便譬喻这个境界；最后两句，怕人认指作月，故特别提醒我们，凡此言说，都不是禅呀！

结论

就是我方才说了一大堆，也是扯葛藤、打闲岔，凡有言说，都无实义。古德接人，非棒则喝，哪有这样啰嗦！不过今非昔比，不得不强作标月之指。诸位同参呀，究竟指是谁？月是谁？参！